Dekadenz der Gesellschaft

Eine Wirtschaftsprophezeiung bis 2013

Wenn im Motor das Öl nicht fließt kommt es zum Motorcrash.
Wenn in einer Wirtschaft das Geld nicht fließt kommt es zum
Wirtschaftscrash.
(Markus Häusler – Wirtschaftswissenschaftler)

Vorwort

Das Buch soll als Diskussionsgrundlage für Familie,
Schule und Stammtisch dienen. Es zeigt auf, wie die
Wirtschaftskrise entstand und was uns noch erwartet.

Es wird bewusst versucht, wissenschaftliche Aspekte
verständlich darzulegen, ohne viele Fremdwörter zu
benutzen. Wer Weis schon auf anhieb, was sich hinter der
optimalen Allokation existentieller Ressourcen einer
Volkswirtschaft versteckt? Wie soll die Verteilung des
Weltmarktes nach dem G8/G20 Gipfel weitergehen?

Wir, der Leser und ich, werden uns gemeinsam durch ein
Stück Wirtschaftspolitik und aktueller Geschichte
bewegen. Volkswirtschaftliche Grundlagen werden für
jedermann verständlich und nachvollziehbar dargestellt.
Aktuelle Beispiele aus der Praxis zeigen Kritikpunkte der
Wirtschaftspolitik und geben diskussionswürdige
Lösungsansätze. Neben den traurigen Erkenntnissen soll es
auch ein wenig locker werden, weshalb etwas Ironie und
Satire dabei nicht zu kurz kommen.

Das Zusammenspiel der vier Gewalten, von Legislative
(Gesetzgebung), welche sich aus Regierung, Bundesrat,
Bundestag und Bundespräsident zusammen setzt.

Der Judikative (Rechtsprechung) oder auch
Gerichtsbarkeit, wo das Gericht in München anders
entscheidet als das Gericht in Düsseldorf, oder Berlin
anders als Hamm. Oberste Institution ist das
Bundesverfassungsgericht in Karlruhe.
Die Exekutive (Ausführende Gewalt), welche die beiden
oberen Institutionen schützt und vertritt - leider auch wenn
diese Fehler machen. Die Hörigkeit bedingt durch die
Abhängigkeit der Gewalten untereinander stellt einen
kaum erkennbaren Knackpunkt dar.
Ergänzend kommt die publikative Gewalt (Medien/Presse)
hinzu, die als starkes Manipulationsinstrument zur
Lenkung der Bevölkerung dienen kann. Hier wird die im
Grundgesetz Artikel 5 Pressefreiheit ohne Zensur zum
Knackpunkt. Viele Menschen haben bereits erkannt, dass
es der Presse frei steht, das zu drucken, was sie wollen.
Warum, wird dem Leser schnell bewusst werden.

Der Titel des Buches betrifft das Zeitgeschehen und die
daraus resultierenden Prognosen für die nahe Zukunft. Die
Gesellschaft, das Verhältnis der Menschen untereinander,
die direkt oder indirekt zusammen interagieren. Wie sind
ihre Aussagen im Verhältnis zu ihren Taten? Dies passt
zufälliger Weise in die Zeitskala zum kommenden Ende
des Mayakalenders, am 21.Dezember 2012, auf den ich
später kurz eingehen werde.

Es sei erwähnt, das nur derjenige, der Kritik und
„feedback" zulässt, sich auch positiv entwickeln kann. Was
man davon annimmt bleibt jedem selber überlassen. Dazu
gehört eine grundlegende Kritikwürdigkeit und
Kritikfähigkeit die zum Denken anregen und zu neuen
Erkenntnissen führen kann. Dies gilt für alle Menschen.
Nicht alle Schlussfolgerungen müssen zutreffen, sie stellen
lediglich ein mögliches Szenario dar, das auf den erörterten
volkswirtschaftlichen Grundlagen basiert.
Die Prognosen aus dem aktuellen Zeitgeschehen sollen
daher ausschließlich zur Diskussion dienen.

Inhalt

Die Judikative und ausgewählte Fälle

An einem sonnigen Sommertag treffen sich zwei frische
Abiturienten. Was kann man nur studieren, um viel Geld
zu verdienen und trotzdem viel falsch machen zu dürfen?
Hhmmm, sagt der Andere, ich mach es wie mein Vater, der
ist Rechtsanwalt und hat in 15 Jahren nicht einen Prozess
gewonnen, trotzdem kauft er uns nun ein zweites
Sommerhaus in Griechenland!

Zwei Anwälte treffen sich. Hallo, wie geht's? Ach schlecht
– ich kann nicht Klagen!

Man lächelt und geht darüber hinweg, aber es ist traurige
Wahrheit. Egal ob ein Rechtsanwalt seinen Prozess
gewinnt oder verliert, er bekommt sein Geld, und das nicht
zu knapp – nach gesetzlich festgelegten Sätzen, damit er ja
immer zufrieden ist.

Daher sind auch die armen Gerichte überlastet und die
armen Versicherungen müssen zahlen – komisch wer ist
dann der reiche Zahler? Genau der, der am Monatsende
von 4.000,- brutto nur 2.000,- netto bekommt und für alles
was er kauft 19% USt. zahlen darf, was dann nur noch
1600,-€ ausmacht. Minus Wohnraum 500,-€, Strom 50,-€,
Versicherung 50,-€, Gas 120,-€, Arztgebühr 10,-€... . wir
unterbrechen hier, bevor wir im Minus landen, wie unsere
Regierung derzeit.

Wenn Sie schlecht arbeiten fliegen sie hochkantig raus –
und dürfen sich einen Anwalt nehmen, der vom ganzen
Vorfall „Null" Ahnung hat. Ohne Geld – ohne Job, keine
Versicherung und keinen Anwalt - ach doch, nach dem
Ausfüllen von zig unverständlichen Formularen und
mindestens 3 Behördenbesuchen wird Ihnen ein „guter und
erfahrener" Anwalt gestellt.

Das BGB wurde am 18.08.1896 verkündet und trat am 01. Januar 1900 in Kraft. Sehr viele Gesetzesvorgaben benötigen daher dringend eine zeitgerechte Erneuerung. Sich während des Jurastudiums mit diesen alten mehrdeutigen und unklaren Aussagen zu beschäftigen ist lange nicht mehr effizient. Die Unklarheit sorgt aber für Aufträge der Herren Rechtsanwälte.

Es scheint, dass dies gewollt ist, damit jeder Anwalt sich seine Version des Gesetzes ausdenken kann und der Richter dann autark und autonom seine gütige, mittelnde Beurteilung im Namen des Volkes abgeben kann. Aber ist diese Entscheidung wirklich im Namen des Volkes, bei einer Wahlbeteiligung von ca. 40% - 60% je nach Bundesland?

Schauen wir uns ein paar Fälle an. Jörg Kachelmann und Pfarrer Mixa (Bischof). Ein Wettermoderator namens J. Kachelmann wird trotz festem Wohnsitz nach der Anzeige sofort in Untersuchungshaft genommen.
Untersuchungshaft wird bei Fluchtgefahr, Verdunklungsgefahr und Wiederholungsgefahr vom Richter angeordnet.
Ein Herr Bischof Mixa, gegen den 8 Aussagen wegen Misshandlung von Kindern vorlagen, braucht erstmals nicht in Untersuchungshaft, obwohl sich dieser, auf Grund seiner Reisen, viel schneller aus den Fängen der Justiz entziehen könnte. Wird hier mit zweierlei Maß gemessen? Da fragt man sich wie wichtig Kinder in unserem Land wirklich sind? Erfahren wir über die Presse die Wahrheit?

In Berlin ist es durchhaus üblich, dass Obdachlose ohne Fahrschein mehrere Monate in Haft kommen, wenn sie aus Geldmangel mehrfach beim Schwarzfahren erwischt werden.
Dagegen bekommt ein Polizist, der einen ihm bekannten Autodieb stellt und danach mit mehreren Schüssen tötet eine Bewährungsstrafe. Seine beiden Kollegen bekommen wegen Falschaussage nur eine Geldstrafe.[1] Eine

Verhältnismäßigkeit wurde weder bei der Tat durch die
Exekutive noch bei der Rechtsprechung durch die
Judikative eingehalten.
Ein Freibrief für polizeilichen Waffeneinsatz. Vorsicht bei
der nächsten Polizeikontrolle zu Sylvester, wenn sie sich
verkleidet haben, vielleicht denkt ja ein Polizist sie seien
ein Terrorist.

Wer die Waffe zieht weis, dass die Treffer meist tödlich
sind. Ein Polizist lernt das gezielte Schießen auf die Beine.
Sollte er zumindest. Kann er das Treffen nicht
gewährleisten, darf er nicht schießen. Schießt er, muss er
die Verantwortung tragen.
Es gab in diesem Fall keine Notwehr, ein schießwütiger
Waffeneinsatz, schwache Schießausbilder, schlechter
Schütze, acht Schüsse und ein tödlicher Treffer.[2] Die
anderen sieben Schüsse verfehlten ihr Ziel. Ein 9 mm
Geschoss fliegt bis zu 1,4 km weit. Wer hätte davon noch
getroffen werden können? Ist eine Bewährungsstrafe hier
wirklich ausreichend? Wie war das doch noch mit der
Verhältnismäßigkeit? Sollte man nun doch mit Kanonen
auf Spatzen schießen dürfen?

Es waren zwei Leergut-Pfandbons im Wert von 48 und 82
Cent, die der Kaisers-Verkäuferin Barbara E. zum
Verhängnis wurden. Das Landesarbeitsgericht Berlin-
Brandenburg sah in dieser Handlung einen eindeutigen
Kündigungsgrund.[3]
Sollte der Richter sich in meinem Autohaus mal ein Auto
kaufen, und den Kugelschreiber im Wert von 2,20€
mitnehmen, so werde ich ihn des Diebstahls anzeigen,
vielleicht erwacht er dann. Zur Information, ein
Rechtsanwalt kostet ca. 200,-€ die Stunde. Ihr Chef
verdient ca. 30,-€/Std.. Schon hier zeigt sich, dass der
Zeitaufwand mehr Kosten verursacht, als die Tat selber.
Eine mündliche Klärung von 3 Minuten wäre hier sicher
ausreichend gewesen.

Fazit: Die Kosten der Bürokratie übersteigen die Notwendigkeit, positive Reformen und Erleichterungen sind genauso notwendig, wie eine soziale Gerechtigkeit in der Gehaltsanpassung.

Gleich aus welchem Grund darf die Kündigung nach dem im Kündigungsschutzrecht geltenden Grundsatz der Verhältnismäßigkeit stets nur das letzte Mittel sein, wenn weniger einschneidende Maßnahmen nicht in Betracht kommen. Der Arbeitgeber ist gehalten, alle Möglichkeiten in Betracht zu ziehen, die eine Kündigung vermeiden können (z.B. Weiterbeschäftigung an einem anderen Arbeitsplatz, durchzusetzen im Zweifel über die Ausübung des Direktionsrechts, Mediation, Änderungskündigung).

Sollten die Menschen nicht mal wieder ihr eigenes Gehirn einschalten, und nicht in vorgebeteten und vergötterten alten Gesetzesbüchern versuchen Lösungen zu finden?

Oder haben die Medien hier wichtige Fakten verschwiegen, wo wir wieder bei der Pressefreiheit sind. Wir kennen die Wahrheit nicht und tappen nur im Dunkeln – ist es so gewollt?

Ursula van der Leyen Ministerin für Arbeit und Soziales will Kinderpornografie im Internet verbieten. Ein Verbot, das schon ewig in Deutschland existiert. Festgeschrieben im § 59 Staatsvertrag für Rundfunk und Telemedien. Zuständig sind die Kontrollbehörden der Länder, was eben kaum jemand weis.
Hier wurden, genau wie bei Spendenaktionen, die Kinder in den Vorder- bzw. Mittelpunkt gezogen, um auf Zustimmung der Bürger zu hoffen. Der Hintergrund ist, dass ein Sperrmechanismus über das gesamte Internet in Gang gesetzt werden soll, also nicht nur für einzelne Rechner. Will man diese kriminellen vorzuwarnen, anstatt sie sofort über entsprechende Interpol Stellen zu verfolgen und dingfest zu machen?

Das hinter den Übeltätern eine kapitalträchtige und
funktionierende Organisation steckt ist wohl jedem klar.
Die Täter sind im gehobenen Umfeld zu suchen. Hier
handelt es sich nicht nur um einen gestörten Josef Fritzel.

Nach sinngemäßer Aussage des Sprechers des Chaos
Computer Clubs: Es werde deutlich, dass das
Bundesministerium kein Interesse an einer direkten
Strafverfolgung habe, sondern ein zensieren von
Internetseiten plant.[4] Ein Vorgehen, welches die Medien in
Deutschland übrigens derzeit China vorwerfen.
Ähnliches wird bei uns erfolgen, wenn Mitte bis Ende
2010 der Staatsvertrag abgeändert wird. Dann sollen
öffentliche Nachrichten im Internet nur noch maximal eine
Legislaturperiode im Internet recherchierbar seien. Die
Aussagen und Versprechungen werden somit nicht mehr
nachvollziehbar. Raten sie mal wer daran ein Interesse hat?

Vielleicht möchte man nur eine weitere Kontrollfunktion
für ausländische Medien in die Haushalte über das Internet
realisieren? Oder will man wirklich den Kindern helfen?
Warum nicht Jugendlichen und Erwachsenen, die spurlos
verschwinden (über 5.500 Menschen) und Opfer von
perversen Kriminellen und Organhändlern werden?

Mit der preiswerten Sicherheits-Software K9 Web
Protektion kann alles beliebig gesperrt werden. Mit ihr
kann eine Kindersicherung und Filterung für den
Internetzugang erfolgen. Sie blockiert somit ungewünschte
Webseiten.
Sollte diese Aufgabe also das BKA übernehmen, die dann
den „freien" Internet Verkehr kontrollieren? Wäre dadurch
nicht eine verstärkte Manipulation der Bürger zu erwarten?
Die Gesetzgebung wird auch hier in Kürze der
ausführenden Gewalt den Weg aus Eigeninteresse ebnen.

Die Exekutive im System

Die Exekutive ist die ausführende Gewalt. Zu ihr zählen alle verwaltungstätigen Behörden des Bundes, der Länder und der Gemeinden. Dies sind zum Beispiel Finanzamt und Polizei. Die Polizei soll die öffentliche Sicherheit und Ordnung gewährleisten. Hierzu dienen verschiedene Abteilungen wie der Staatsschutz, für die Verhinderung und Bekämpfung politisch motivierter Straftaten und der Verfassungsschutz, dessen Aufgabe es ist, Gefahren für die freiheitliche demokratische Grundordnung abzuwehren, sowie Gefahren des Extremismus und der Spionage auf zu decken und Gegenmaßnahmen zu ergreifen. Wir haben einen Verfassungsschutz, aber haben wir auch eine Verfassung?
Hier stellt sich die erste große Frage, ob das Grundgesetz eine Verfassung ist?

In Artikel 146 der Geltungsdauer des Grundgesetzes heißt es:
Dieses Grundgesetz, das nach Vollendung der Einheit und Freiheit Deutschlands für das gesamte Deutsche Volk gilt, verliert seine Gültigkeit an dem Tage, an dem eine Verfassung in Kraft tritt, die von dem Deutschen Volke in freier Entscheidung beschlossen worden ist.
Eine Verfassung soll demnach vom gesamten Deutschen Volke aus gehen. Wie Präsident Köhler es forderte. In freier Entscheidung, was sich nach Volksabstimmung anhört und nicht nach Vorgabe einer von 19% der Bevölkerung ernannten parteiorientierten Minderheit.
Die neuen Bundesländer haben dies durch ihre Volksvertreter nach der Wiedervereinigung blindlings übernommen.
In Kraft trat das Grundgesetz am 23.Mai 1949, nach Beschluss am Kapitulationstag, dem 8.Mai. 1949, unter Vorgaben der ehemaligen Westalliierten, da man sich mit dem sowjetischen Bereich vorerst nicht einig wurde. Das Grundgesetz wurde demnach nach dem Krieg und der Aufteilung Deutschlands als Provisorium gedacht, um eine Basis zu schaffen, wie Artikel 146 wiedergibt. Herr Ex-

Bundespräsident Horst Köhler war übrigens einer von wenigen, der sich für Entscheidungen durch das Volk eingesetzt hat.

Schwerverbrecher kommen frei, weil nach neuem EU-Recht eine nachträgliche Sicherungsverwahrung unzulässig ist. Kommt es dann zu morden, schreien die Bürger nach Sicherheit. Die Regierung wird dann wiederum Gesetze erlassen, die den Bürger noch mehr einschränken. Eine gute Schachkombination.

Aber egal, ob sich unsere Gesetzeshüter nun Grundgesetzvertreter oder Verfassungsschützer nennen, sie sollten ihrer Aufgabe das Grundgesetz zu schützen nachkommen.

Seit 1949 kam es rund alle 1-2 Jahre zu Änderungen und Aufhebungen im Grundgesetz, die nicht im Interesse des Volkes waren, sondern der Regierung. Auch hier hätte die Exekutive ihr Veto einlegen müssen, denn durch eine Änderung wird der vorgegebene Schutz der bisherigen Verfassung aufgehoben. Dies durch die Regierung.

In der Presse lesen wir: Der Verfassungsschutz überwacht die Linken, der Verfassungsschutz beobachtet Scientologie, der Verfassungsschutz überwacht die Rechten. Wenn ich links stehe ist die Mitte rechts. Darf die Mitte über 60 Jahre machen was sie will? Dann haben wir eine Demokratur. Eine getarnte Demokratie, bei der eine Regierung eine Diktatur ausübt, was sich in erlassenen Gesetzen gegen alle Anderen aufzeigt. Währenddessen die Exekutive schlaftrunken zuschaut. Die Regierung als Herrscher über die unabhängige Exekutive des Landes. Zwei Großparteien, die sich legitimiert permanent abwechseln und machen was sie wollen. Hier seien seit sechzig Jahren steigende Regierungsschulden, vorgeschobener Terroristenwahn als Schutzfunktion der eigenen Angst, Gesetze zum Eigenschutz unter dem

Deckmantel der Sicherheit, Einschränkung der
Meinungsfreiheit, Verstöße gegen das Verbot der
Zwangsarbeit, Einschränkungen der Unverletzlichkeit der
Wohnung, um nur einige Grundgesetze zu nennen, werden
von den Gewalten blind akzeptiert. Hörigkeit an falscher
Stelle?

Ein Polizist, der einen unbewaffneten Autodieb stellt und
aus einem Meter Entfernung mit mehreren Schüssen
erschießt ist schlimm genug. Das zwei weitere Polizisten
eine Falschaussage tätigen ist der Gipfel der Frechheit. Das
Gipfelkreuz zeigt sich in den Richter/innen. Strafmaß
Bewährung und Geldstrafe, ein Freibrief für polizeilichen
Waffeneinsatz und Korruption von Behörden, gegen
unbewaffnete Bürger. Die Dekadenz lebt in vollem Gange.

Ich frage mich ob diese Urteile an der Quotenregelung
liegen und habe daher mal recherchiert. Unter den hundert
besten Schachspielern befinden sich offiziell zwei Frauen.
Würde nun hier die Quotenregel greifen, so würden weitere
48 Frauen, welche sich unter den ersten 3.000 Spielern
befinden, in die Top Hundert aufrutschen. Die wahren 48
guten Top Spieler müssten „freiwillig" ihren offiziellen
Platz räumen. Diese 48 Top Spieler findet man dann hinter
den schwächeren, aber vorgezogenen Frauen, die ohne
diese künstliche Bevorzugung niemals unter die ersten
Hundert gekommen wären. Doppelte Anerkennung denen,
welche es ohne Quotenregelung schaffen.
Fußball ist ein Spiel. Die biologischen Unterschiede von
Herz, Hirn und Muskulatur sind ohne Frage vorhanden.
Will man vorbildlich eine Quotenregel beim Fußball
einführen und die Nationalmannschaft mit 50% Frauen
bestücken. Wäre dies sinnvoll?
Sicher gibt es auch Bereiche in welchen die Damen
Vorteile gegenüber den Herren haben, nur wäre auch hier
eine Quotenregelung deplaziert, weil dann keine optimale
Leistung erhalten werden kann.

Diese Leistungsreduzierung finden wir in der Politik und der Rechtsprechung wieder. Wen wundern da folgende Aussagen?

Hier die Rede der Kanzlerin vor der Knesset, von der Presse „Die Welt" veröffentlichte Auszüge: Bundeskanzlerin Angela Merkel sieht in der Zusammenarbeit mit Israel gegen Irans Nuklearprogramm eine „Stunde der Bewährung" für die Beziehungen zwischen Deutschen und Israelis. „Jede Bundesregierung und jeder Bundeskanzler vor mir waren der besonderen historischen Verantwortung Deutschlands für die Sicherheit Israels verpflichtet. Diese historische Verantwortung ist Teil der Staatsräson meines Landes. Das heißt, die Sicherheit Israels ist für mich als Deutsche Bundeskanzlerin niemals verhandelbar."

Anmerkung: Eine Regierung muss sich um die Sicherheit des eigenen Landes kümmern und nicht für Andere in den Krieg ziehen und provokante Parolen von sich zu geben. Die wenigsten wissen, dass neben den Zahlungen an Israel noch zwei günstige, hochmoderne U-Boote der Dolphin – Klasse gebaut werden, die bis 2013 ausgeliefert werden sollen. Diese Unterstützung kann sich ebenfalls negativ auf die Deutsche Bevölkerung auswirken. Feinde Israels könnten dies als Grund für Terroranschläge in Deutschland nehmen. Es ist unschwer zu erkennen, das die Regierung dann sagt: „Wir haben schon lange vor Anschlägen gewarnt".

Im schwarzen Blazer stand Merkel an dem Rednerpult, die Zuschauerränge waren bis auf den letzten Platz gefüllt. Neben Iran fand Merkel auch deutliche Worte gegenüber den anderen Gegnern Israels: der Hamas, die den Süden des Landes mit Raketen bedroht, Syrien, das die Hisbollah-Milizen im Libanon mit Waffen versorgt. „Während wir hier beraten haben, ist Israel bedroht. Während wir hier sprechen, leben tausende Menschen in Angst und

Schrecken vor Raketenangriffen und Terror der Hamas",
sagte Merkel. „Ich sage klar und unmissverständlich: Die
Kassam-Angriffe der Hamas müssen aufhören." Von
Syrien forderte sie, die Regierung des Libanon „endlich
anzuerkennen".[5]

Anmerkung: Die Deutsche Regierung provoziert mit dieser
Rede eindeutig den Terrorismus in Deutschland. Dies
klingt wie eine Kriegserklärung gegen alle Feinde Israels.
Ein cleverer Schachzug, um die eigene überzogene
Sicherheitspolitik im Lande, dann mit den daraus
resultierenden Attentaten in Deutschland zu rechtfertigen.
Die Aufgabe des Staatsschutzes wäre es hier vorab unseren
Staat vor solch gefährlichen Äußerungen zu schützen und
nicht blind zu zusehen, wie fröhlich der Terrorismus durch
staatsfeindliche Äußerungen ins Land geholt wird, anstatt
harmlose, runenzeichnende, zurückgebliebene und
pubertäre Jugendliche zu verfolgen. Dies sollten doch das
Ordnungsamt oder die Schutzpolizei mit den Eltern regeln
können.
Eine weitere exekutive Abteilung, die im einfachen
Bereich vorzufinden ist, ist das Ordnungsamt. Ordnung
vermeidet Unfälle und steigert die Arbeitsproduktivität.
Ordnung kommt von ordentlich. Es gibt sicherlich viele
Interpretationen, die alle in einem positiven Bereich
aufzufinden sind.
Die Aufgaben des Ordnungsamtes sind dafür zu sorgen,
dass Vorschriften eingehalten werden und bei
Nichteinhaltung Verwarnungs- und Bußgelder verhängt
werden. Ebenso gehört zu den Seiten der Tätigkeit beim
Ordnungsamt, Bürgerinnen und Bürger zu einem
bestimmten Tun oder Unterlassen aufzufordern und diese
Aufforderungen - mittels Verwaltungszwangs
durchzusetzen.
Ich sehe diese Leute nur auf der Straße, um korrekt
parkende Autos herumlaufen. Die Autos sind ordentlich
geparkt, auch Steuern wurden laut Plakette bezahlt. Mit
dem Kraftstoff haben die einen wuchernden Beitrag von

über 75% pro Liter Kraftstoff an Steuern geleistet. Schön glänzender Lack durch die Autowäsche, wo nochmals Steuern gezahlt wurden, also alles tipp top.

Um ewig stehende, verrottete alte Fahrräder an der Laterne angeschlossen, Stolperfallen auf dem Gehweg, Lärmbelästigung und Umweltverschmutzung durch Laubwirbelmaschinen wird sich nicht gekümmert. Nein, es geht nur um neu erschaffene Gesetze, die den Autofahrer nochmals zur Kasse bitten. Eine Alibifunktion der Regierung, denn dadurch werden ihre Schulden auch nicht weniger.

Hieraus lässt sich schließen, das es sich um eine Position handelt, welche zum denunzieren der ordentlichen Bürger geschaffen wurde, nicht um für Sauberkeit und Ordnung zu sorgen.

Die sogenannten Ordnungshüter machen dagegen meist eher einen unordentlichen Eindruck. speckige Haare, rauchen, heraushängende Hemden, schlecht sprechendes deutsch, ungeputzten Schuhe, wo dann auch eine Uniform nicht gerade entsprechend ist.

Hierzu ein Beispiel. Ich parkte mein Fahrzeug ordnungsgemäß ab und ging zu dem etwa 25 m entfernten Automaten. Da der Automat kaputt war (was für eine Ordnung) musste ich zum Automaten auf der anderen Straßenseite wechseln. Verkehr hin und her. Nach ca. 3 Minuten kam ich zu meinem Fahrzeug zurück, wo sich schon gierig eine Dame vom Ordnungsamt vor meinem Fahrzeug positionierte.

Auf meine Bemerkung, das dies ganz schön übereifrig sei, ging sie mich provokativ mit scharfen Ton an: Was heißt hier übereifrig? Ich legte mein Ticket auf das Armaturenbrett und bat sie ruhig im Wörterbuch nachzusehen und ging einkaufen. Sie brüllte mir dann noch peinlich etwas hinterher. Für diese Lautstärke hätte sie eine Anzeige wegen ruhestörenden Lärms verdient. Das ist unser Ordnungsamt. Eine Machtposition für Menschen mit erkennbarem Bildungsniveau zum Denunzieren von

rechtschaffenden Bürgern. Ein Musterbeispiel für die
gewünschte PISA Studie.

Ähnliches wurde in einem TV-Bericht über den deutschen
Zoll gezeigt. Ein ausländischer Bürger wird nach seinem
Betrag der Einfuhr von Euro gefragt. Auf Grund seiner
schlechten Deutschkenntnisse dauerte es etwas bis er
verstand und antwortete 10.000,-€. Unhöflich und
aggressiv, ja überheblich forderten die Beamten den
Urlauber lautstark auf sein Geld zu zeigen, der weder
englisch noch deutsch verstand. Mittels Vollzugszwang
nahmen sie ihn zur Leibesvisitation, durchwühlten sein
Gepäck, drohten mit dem Finger und behandelten ihn wie
einen Verbrecher, nicht wie einen Gast des Landes. Das
dieser sauer wurde ist wohl jedem normal denkenden
Menschen klar. Wie sich herausstellte, hatte seine Freundin
das Geld, genau 10.000,-€, wie er es ehrlich vorab schon
sagte. Auch hier kam es sogar vor laufender Kamera zur
Denunzierung durch Zollbeamte, die sich natürlich
versuchten zu rechtfertigten. Staatsdiener, welche durch
Schulden der Regierung bezahlt werden und dem Staat,
nicht der Regierung dienen sollen. Ich fand das
menschenverachtend. Ist dies nicht schon die Grenze
negativen Verhaltens?

Um mein Zwangsgeld von 40,-€ für eine Parkvignette zu
zahlen, musste ich einen Tag Urlaub nehmen, eine
Nummer ziehen, drei Stunden auf Stahlstühlen sitzen und
mir dann anhören, das der Computer abgestürzt ist und ich
an einem andern Tag noch mal wiederkommen darf.
Kein Einzelfall, wie andere Kunden des Landes Berlin
bestätigten, sondern eine denunzierende Frechheit, denn es
geht auch ohne Computer.

Die Regierung zieht Bannmeilen um ihre Sitze und lässt
die Polizei patrollieren, hinzu kommen
Beobachtungskameras aus Angst vor Angriffen der Bürger.
Rein raus mit Polizeischutz und gepanzerten Fahrzeugen

der Luxusklasse. Alles auf Kosten der Staatsverschuldung
und noch mehr Steuergeld Forderung an den Staatsbürger.
Bei guter und korrekter Politik bräuchten sie doch keine
Angst zu haben und könnten die Kosten niedrig halten.
Alles zum Eigenschutz aus Angst?

1. Wer gute Politik macht, braucht auch keine
   gepanzerte Karosserie und keine Angst zu haben,
   dass man ihn töten will.
2. Der Job wurde freiwillig gewählt und ein Risiko
   trägt jeder Job.
3. Fremde Gelder zum Eigenwohl auszugeben ist
   rechtswidrig

Zu hohe Gehälter der Politiker, für suboptimale Leistung in
den letzten 60 Jahren – Egal, welcher Marionettenverein
als Führungsspitze eingesetzt wurde, das Ergebnis spricht
für sich und sicher nicht im Namen des Volkes.
Wer selber Wahlversprechen nicht einhält, und sich
hinstellt und andere Parteien wegen gleicher Vergehen
bezichtigt, ist denunzierend, frech und total daneben. Wenn
wundert da die Angst dieser Individuen?

Steuern und Wahlversprechen

Alle sprechen von der Steuerspirale - wir auch. 2005
nahmen Bund, Länder und Gemeinden über 440 Milliarden
Euro an Steuern ein, und trotzdem haben sie sich immer
weiter verschuldet. Die Verteilung ist hier zu sehen:

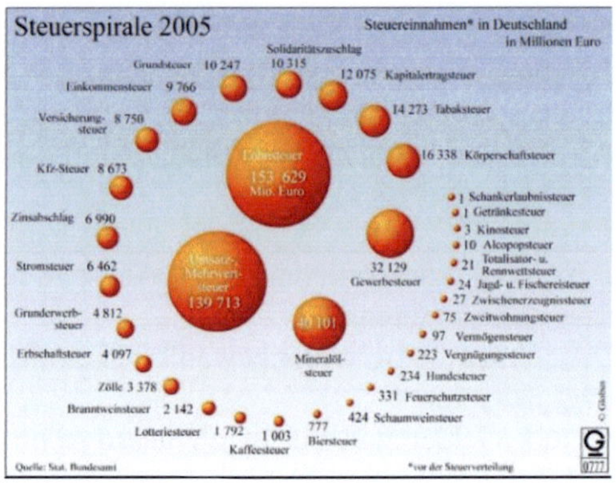

Schauen wir uns das etwas genauer an.[6] Bei einem Umsatzsteuersatz von 16% kam es zu Einnahmen von 153.629 Mio. €. Durch eine Erhöhung um 3 % (auf 19 % USt) ergeben sich 4.608,87 Mio. Euro Mehreinnahmen, oder besser Mehrbelastung der Bürger.

Es sind ja nur 3%, dafür senken die Volksvertreter dann zum psychologischen Ausgleich die Vermögenssteuer (97 Mio. €) und die Körperschaftssteuer (16.338 Mio. €) um je 10 %, was zusammen 20 % Steuersenkung ausmacht. Was sind schon 3 % Steigerung gegen 20 % Senkung, mathematisch immer noch 17 % mehr Steuersenkung! Sind unsere Volksvertreter clever? Ist dies eine Form der Manipulation, um den Bürger zu verwirren und ruhig zu stimmen?

Die Lösung mit Fakten in genauen Zahlen:

Steigerung USt. (+3%)   .4.608,87
Mio.€
Senkung Vermögenssteuer (-10%)   9,70
Mio.€
Senkung Körperschaftssteuer (-10%)   1.633,80
Mio.€
Summe   2.965,37
Mio.€
Immer noch eine Mehrbelastung der Steuerzahler/Bürger
von 2,965 Mrd. € pro Jahr.

Für diesen „Geniestreich", aus einer 17 % Steuersenkung
noch 2.965,37 Mio. € für die Staatskasse herauszuholen
gibt es dann eine verdiente Diätenerhöhung der
Herrschaften.
Also, Achtung liebe Leser und Steuerzahler, rechnen sie
genau, bevor sie zur nächsten Wahl gehen sollten.
Das Versprechen der Volksvertreter war klar und
eindeutig: Keine Erhöhung der Umsatzsteuer von mehr als
2%. Ein Versprechen, um ihre Wahl – Stimmen zu
erhalten. Das Versprechen wurde drei Wochen nach der
Wahl nicht eingehalten. Der Bürger und Steuerzahler
wurde schlichtweg betrogen.

Eindeutiger Betrug nach deutschem Recht, da auch das
gesprochene Wort gilt.
Geregelt durch das Strafgesetzbuch (StGB) § 263 Betrug

(1) Wer in der Absicht, sich oder einem Dritten einen
rechtswidrigen Vermögensvorteil zu verschaffen, das
Vermögen eines anderen dadurch beschädigt, dass er durch
Vorspiegelung falscher oder durch Entstellung oder
Unterdrückung wahrer Tatsachen einen Irrtum erregt oder
unterhält, wird mit Freiheitsstrafe bis zu fünf Jahren oder
mit Geldstrafe bestraft.

(2) Der Versuch ist strafbar.

(3) In besonders schweren Fällen ist die Strafe
Freiheitsstrafe von sechs Monaten bis zu zehn Jahren. Ein
besonders schwerer Fall liegt in der Regel vor, wenn der/
die Täter:
1. gewerbsmäßig oder als Mitglied einer Bande
   handelt, die sich zur fortgesetzten Begehung von
   Urkundenfälschung oder Betrug verbunden hat,
2. einen Vermögensverlust großen Ausmaßes
   herbeiführt oder in der Absicht handelt, durch die
   fortgesetzte Begehung von Betrug eine große Zahl
   von Menschen in die Gefahr des Verlustes von
   Vermögenswerten zu bringen,
3. eine andere Person in wirtschaftliche Not bringt,
4. seine Befugnisse oder seine Stellung als Amtsträger
   missbraucht oder
5. einen Versicherungsfall vortäuscht, nachdem er
   oder ein anderer zu diesem Zweck eine Sache von
   bedeutendem Wert in Brand gesetzt oder durch eine
   Brandlegung ganz oder teilweise zerstört oder ein
   Schiff zum Sinken oder Stranden gebracht hat.

Ist dies die Strafe, derer sich unsere Volksvertreter
entziehen dürfen? Grundgesetz Artikel 3 Abs. 1 besagt:
Alle Menschen sind vor dem Gesetz gleich. Sind manche
gleicher?

Ein weiterer Schachzug ist die Einführung einer
Abgeltungssteuer. Höher Verdiener profitieren hier
nochmals. 25% Besteuerung ab Januar 2009, anstatt 45%
Besteuerung für anlagestarke Börsianer. Wer profitiert
also?

Sie behalten einen Freibetrag von 800,-€. haben aber
1.800,- € eingenommen. Von den 1.000,-€ werden dann

25% Steuerabgaben nötig, also 250,-€ Steuerabgabe. Der Staat profitiert an ihrer Arbeit, an ihrem Wissen, ihren Spekulationen, aber gibt er ihnen auch was, wenn es mal nicht so läuft? Zum Beispiel bei ALG II, wenn sie als selbständiger plötzlich keine Aufträge mehr erhalten, da ihre Auftraggeber in Konkurs gegangen sind. Vielleicht wegen der hohen Besteuerung durch die Regierung. Die hohen Politikergehälter bleiben weiter bestehen.

Eine makulaturfreie Steuerprogression wäre sicherlich angebracht. Vielleicht den Freibetrag zu erhöhen und die Besteuerung über Freibetrag auf 55% herauf zu setzen, damit Wirkung erzielt wird, als neue Reform. Wer das wohl ablehnt? Etwa die Hochfinanz? Aber keine Angst, wer vor dem 1.1.2009 investiert hat, braucht sich nicht zu fürchten. Das Gesetz gilt erst für Investitionen ab 1.1.2009 und entsprechend erst nach den Verkäufen.

Interessanter sind da die legalen Parteispenden von Unternehmen. Spendengelder dürfen rechtlich von der Steuer als Sonderausgaben abgesetzt werden. Bevor ein Unternehmen nun von seinem Gewinn in Höhe von 500.000,- KES fast 50% Steuernabgaben tätigen muss, kann es Summe x Spenden und somit seine Steuerschuld reduzieren. Gleichzeitig bevorteilt der Spender den Kapitaleinsatz, der für den Parteikampf seiner interessenvertretenden Partei bei den Wahlen für Stimmen sorgt. Unternehmer sind auch nur Wähler, die es gern sehen, wenn die von ihnen gewählte Partei ihre Interessen vertritt. Reisen und Ansprachen der Politiker, Wahlplakate, Teilnahmen an Sportveranstaltungen, Büros, usw., sind Kosten der Parteien, um an den Bürger zu gelangen. Versuchen Sie mal ohne Geld eine Partei zu Gründen, das geht nach hinten los. Natürlich dürfen nach den Spenden keine Gegenleistungen der Parteien an den Spender erfolgen, das wäre wiederum verboten und würde wie Bestechung aussehen, oder?

Nach der Wahl wird dann wie immer die Steuer erhöht, das Steuerrecht und die Formulare werden immer undurchsichtiger. Geredet wird von Vereinfachung. Versuchte Streichung der Kilometergeldpauschale über die Regierung, da diese angeblich nicht zum Arbeitsweg gehören. Dies steht im Widerspruch zur Versicherung des Arbeitsweges der Arbeitnehmer. Kaufmännisches Grundwissen von Auszubildenden, welches bei unseren Volksvertretern anscheinend fehlt, oder nur zur Ablenkung von großen Problemen dient, um dem Volk mal einen unbedeutenden psychologischen „Siegeskrümel" zukommen zu lassen.

Sollte ein Kanzler wieder etwas versprechen oder Vorschlagen – doppelte Vorsicht. Der nette ehemalige Norbert Blüm, der uns guten Glaubens versicherte, das unsere Renten sicher seien, verschwieg uns in welcher Winzigkeit und ab welchem hohen Alter. Vielleicht 400,-€ Rente im Monat, bei inflationären Durchschnittsmietzins von 3.000,-€/M. Na dann auf zur Rentner WG (Wohngemeinschaft) und wehe da fällt einer aus.

Kein Wunder, dass wir nur noch eine Wahlbeteiligung von ca. 40% haben. Nein, das war die Hochrechnung um 17.00 Uhr am 27.09.2009, um 19.00 Uhr waren es dann plötzlich 70%, durch die vielen Bürger, die erst nach 17.00 Uhr wählen gingen. Glauben sie das? Wir gehen mal davon aus, das hier nicht geschummelt wurde.

27.09.2009 - 17.07 Uhr – neues Rekordtief bei Wahlbeteiligung?
Bei der Bundestagswahl zeichnet sich trotz des erwarteten knappen Ausgangs ein neues Rekordtief bei der Wahlbeteiligung ab. Nach Angaben des Bundeswahlleiters gaben bis 14.00 Uhr 36,1 Prozent aller Wahlberechtigten (ohne Briefwähler) ihre Stimme ab. Das waren deutlich weniger als bei der Bundestagswahl 2005, als es bereits

einen historischen Tiefstand gab. Damals lag die
Wahlbeteiligung zu dieser Zeit bei 41,9 Prozent.
Zwischenstand für die Wahlbeteiligung: schwach. In
Sachsen-Anhalt, Sachsen, Thüringen, Berlin, Bayern,
Baden-Württemberg, Rheinland-Pfalz und dem Saarland
lag bis zum frühen Nachmittag deutlich niedriger als bei
der Bundestagswahl 2005. In Sachsen-Anhalt gaben bis 14
Uhr 34,5 Prozent der Wahlberechtigten ihre Stimme ab, bei
der Bundestagswahl im Jahr 2005 waren es zu diesem
Zeitpunkt bereits 40,7 Prozent, wie der Landeswahlleiter
mitteilte. Auch in den anderen Ländern liegt die
Beteiligung bislang deutlich unter dem Niveau der letzten
Wahl.

Das Ergebnis: SPD 23%, CDU 27%, FDP 14%, Linke
12%, Grüne 11%, CSU 7%, Sonstige 6%, also 100%. Die
Wahlbeteiligung lag aber „nur" bei 70%!

Von 100 Wahlberechtigten gehen demzufolge nur 70
Bürger wählen. Diese 70 Wähler werden als 100%
gewertet. Und hier liegt schon der erste gravierende Fehler,
denn 30% der Bevölkerung, also fast ein Drittel gingen
überhaupt nicht zur Wahl. Manipulativ wird dies aber in
der Rechnung behauptet.

Das reale und somit richtige Wahlergebnis war: SPD 16%,
CDU 19%, FDP 10%, Linke 8%, Grüne 8%, CSU 5%,
Sonst. 4%, Parteilose Freie Bürger, die sich nicht in
Programme zwängen lassen 30%. Somit wäre eine
mathematisch richtige Prozentzahl ermittelt, welche die
Tatsachen wiederspiegelt. Die Täuschung mit
Prozentzahlen waren und sind noch immer und überall sehr
beliebt. Wenn in einer Demokratie ein Drittel der Bürger
nicht zur Wahl gehen, dann sollte man überlegen, ob es
sich noch um eine Demokratie handelt, da die Regierung
nicht mehr für die Mehrheit des Volkes entscheidet und
erst recht, wenn Volksentscheidungen nicht gewünscht
sind.

Die Wahrheit kennen auch die Parteien, weshalb sie
versuchen über neue Tricks an Wählerstimmen zu
kommen. Wahlen ab 16 Jahren, oder Eltern dürfen für ihre
Kinder unter 16 Jahren wählen sind daher in Überlegung.
Das Einmischen der Regierung in die Familien nimmt
überhand. Ein Wiederspruch zu Glücksspiel ab 18 Jahren,
Solariumsverbot unter 18 Jahren (obwohl Ärzte dies gegen
Akne befürworten), Jugendrecht bis 21 Jahre, Alkohol- und
Führerscheinverbot usw.. Volksvertreter, die nur ihr
eigenes Wohl im Auge sehen.

Wir sehen somit, dass wir von einer kleinen Minderheit
regiert werden, die unter 20% liegt. Die CDU macht nur
knapp ein Fünftel und die SPD noch weniger aus. Kein
Wunder das da die Regierungsschulden permanent steigen.
622 Personen entscheiden für das gesamte Volk. Meist sind
nur 20% der Abgeordneten bei den Sitzungen, wie
interessiert die doch sind.

Die Marktmacht

Wie wir schon in der Schule lernten: Angebot und
Nachfrage bestimmen den Preis. Beim Monopol (nur ein
Anbieter) sieht dies etwas anders aus. Dies ist der
klassische Verkäufer - Markt, da der Verkäufer den Preis
bestimmt und die Nachfrage bzw. seine Produktion für den
Markt (oder: besser für sich) regelt.
Das Gegenteil wäre der polypolistische Markt, mit vielen
„Tante Emma" Läden, wo der Kunde seinen Anbieter
selber sucht. Er bestimmt auch den Preis, indem er die
Händler gegeneinander ausspielt. Wo er mehr Nachlass für
das gleiche Produkt erhält kauft er. Dies ist der sogenannte
Käufer – Markt, in welchem der Konsument mit bestimmt.
Zum Beispiel der Kauf eines Neufahrzeuges: Für ein
30.000 € Fahrzeug 10% Nachlass, also 3.000 € Preisvorteil
zu erhalten ist interessanter, als 5%. Der Aufwand des
Handelns beträgt nur 3 Minuten. Verdienen sie 1.500,-€

oder 3.000,-€ in drei Minuten? Wir sind ja keine Fußballer.

In der Mitte befindet sich das Oligopol, also einige
Anbieter und viele Nachfrager – der Kraftstoffmarkt.
Nachdem Fusionen, wie Shell mit DEA, BP und Aral, Elf
und Total, um nur einige zu nennen, haben wir ein „enges
Oligopol" am Kraftstoffmarkt, wo durch vermutlich nicht
offizielle Absprachen der Preis der Anbieter vorgegeben
werden. Ähnlich sieht es bereits im Energiesektor aus, wo
die Preise in naher Zukunft drastisch steigen werden.

Das Kartellamt und die engen Oligopole

Um Missbrauch bei der Preisgestaltung vorzubeugen gibt
es eine Schutzbehörde, das so genannte Kartellamt.
Währenddessen das Europäische Kartellrecht, vertreten
durch die EU-Kommission in Brüssel die Globalisierung
vertritt, versucht auf nationaler Ebene für Klein- und
Mittelständische Unternehmen (KMU) das Kartellamt für
den großen europäischen Bruder den Weg zu bahnen, und
die kleinen Unternehmen von zu überlebenden
Zusammenschlüssen abzuhalten, da diese sonst eine zu
starke Gegenwehr am Markt darstellen könnten.

Wozu haben wir das Kartellamt? Richtig, zur
Kartellbekämpfung, also gegen Absprachen der Anbieter,
um andere Anbieter vom Markt zu verdrängen. Werden
aber die kleinen Unternehmen durch Kartellverbote vom
Markt verdrängt und die EU sorgt im Rahmen der
Globalisierung für enge Oligopole bzw. Monopole, so
haben wir den Missbrauch der Preisgestaltung demnächst
überall, wie derzeit bereits am Energiemarkt.

Die Durchsetzung des Kartellverbots gehört zu den
zentralen Aufgaben des Bundeskartellamtes und ist seit
dem Inkrafttreten des Gesetzes gegen unlautere
Wettbewerbsbeschränkungen im Jahr 1957 fester

Bestandteil des Kartellgesetzes. Zu den sogenannten Hardcore-Kartellen gehören insbesondere Absprachen zwischen Unternehmen über die Festsetzung von Preisen oder Absatzquoten sowie über die Aufteilung von Gebieten.

Der Verbraucher ist machtlos! Gestern erhöhte Shell, heute ziehen die Anderen nach und morgen erhöht dann mal BP, immer im Wechsel. Aber ist das wirklich das Problem?

Selbst im Raum der Europäischen Union (lat.: Vereinigung) haben wir weiterhin nicht nur steuerliche, sondern auch starke preispolitische Unterschiede. So kostet der Liter Kraftstoff in 2008 (Benzin) in Litauen 0,93 € und in den Niederlanden 1,55 €. In Deutschland 1,35 € und im Nachbarland Polen nur 1,08 €.

Eine klare Politik der EU, von welcher seit der Binnenmarktöffnung 1992 nichts zu merken ist. Bereits am 18.04.1951 schlossen sich die Gründerstaaten Frankreich, Belgien, Niederlande, Deutschland, Italien und Luxemburg zusammen und unterzeichneten in Paris den Vertrag der Europäischen Gemeinschaft für Kohle und Stahl (EGKS), der später Grundlage zur Bildung der Montanunion wurde. Es ging also erkennbar und vorrangig um die Energie-Ressourcen.
Im Jahre 1957 folgten dann in Rom die Verträge der Atomgemeinschaft (EURATOM) und der Wirtschaftsgemeinschaft (EWG). Die Abschaffung der Zölle wurde im Juli 1968 beschlossen. Um sich gegenseitig in Krisen und Schwierigkeiten zu helfen, wurde der Europäische Fond für regionale Entwicklung (EFRE) gegründet, der eine Erweiterung des Europäischen Sozialfonds (ESF) darstellte. Griechenland wurde im Jahre 1981 Mitglied. Als Stabilitätsmaßstab zwischen den Ländern diente im Europäischen Währungssystem (EWS) ab 1979 der ECU (1 ECU = 2,03 DM). Wir sehen uns die einheitliche Uneinheit der immer noch bestehenden

Kraftstoffpreise mal an.

Die Deutsche Benzinpreisentwicklung 1988 bis 2007 (in €)
(mein letzter Eintrag vom 06.12.07 zu 1,329 EUR/Liter)
Benzinpreis bis 2010 in Deutschland:

Jahr   1997 1998 1999 2000 2001 2002 2003 2004 2005 2006 2007 2008 2009 2010

Preis 0,81 0,80 0,82 0,98 1,00 1,04 1,10 1,19 1,21 1,29 1,37 1,38 1,40 1,39

Dieses Diagramm zeigt die Preisentwicklung über einen
Zeitraum von 13 Jahren (vor 2001 Umrechnung in €)

Der Barrelpreis wird immer in US $ angegeben. Warum
dies so ist sehen wir später. Hier die Original US-Preise
pro Gallone 2007. 1 gallon = 4 quarts = 3,7854 Liter.

US Average Price: 2,97$: 3,785 Ltr. = 0,784 $ pro Ltr.)
und 0,784 $ ergeben am Mittwoch, 19. Dezember 2007
genau 0,784 US Dollar = 0,54443 Euro

Die Kraftstoffpreise in den USA liegen im Nov./Dez 2007
also bei umgerechnet 0,55 € pro Liter. Der Wechselkurs: 1
€ = 1,32 US $ (Dez.2006) und 1 € = 1,23 $ (Mai 2010).

Rohölpreise sind Börsenpreise und unterliegen rein
spekulativen Veränderungen.
Die Kursnotierungen werden stark durch spekulative
Options-/Wertpapierkäufe bestimmt.
Sie reagieren äußerst spontan auf weltpolitische und
wirtschaftsbezogene Meldungen, insbesondere wenn diese
die OPEC-Länder oder die großen Ölverbrauchsländer, wie
USA oder China betreffen.

Beispielmeldungen zum Ölmarkt: Streiks in Raffinerien,
Truppenaufmärsche in Regionen der Ölproduktion,
Unglück auf Bohrinsel bei Mexiko am Meeresgrund
ergießen sich dort täglich bis zu 5000 Barrel (etwa 780.000
Liter) Öl ins Wasser. Die Auswirkungen sind weniger

Fische, Steigerung der Lebensmittelpreise,
Umweltkatastrophen.
So kann man auch eine Inflation vertuschen. Erdöl
Verknappung, klar der Börsenkurs steigt. Man will ja
keinem Menschen vorwerfen, das er einen Anschlag auf
eine Bohrinsel für 500.000,- $ verüben lässt, wodurch der
Auftraggeber an der Börse 5.000.000,-$ gewinnt. Das
glaub ich nun wirklich nicht. Der Preis für gesunden Fisch
steigt ebenfalls.

Selbst die Frage nach dem Wetter kann schon zu
Preisschwankungen führen:
Kalter Winter = hoher Verbrauch = Nachfrage hoch =
Preise steigen.
Milder Winter = geringer Verbrauch = Nachfragerückgang
= Preise sinken.

Was als Ironie zu beweisen war: Wenn die Erde sich selber
aufheizt, sparen wir nicht nur Öl sondern haben neben der
Preissenkung noch etwas Positives für unsere Umwelt
getan – dies zum Leidwesen der Multinationalen
Konzerne, weshalb diese intervenieren könnten.
Die Meldungen könnten dann so aussehen:
- Chinas Ölbedarf ist weiterhin kräftig anwachsend.
Experten schätzen den Nachfrageanstieg des Landes bis
2015 auf jährlich 4,5 Prozent.
- Die türkische Luftwaffe flog Angriffe auf den Nord-Irak
(PKK).
- Russland wird Uran-Brennstäbe für einen Reaktor im Iran
liefern.
- Erfolgversprechende Probebohrung erwies sich als Flop
(man muss nicht Nostradamus sein, um dies
vorherzusehen)

Ein spannendes Spiel für die Hochfinanz, also die oberen
10.000 Menschen. Die Elite, setzt sich einmal jährlich in
einer Konferenz zusammen. Sie nennen sich die
Bilderberger, frei nach dem Namen des Hotels, wo alles

begann. Sie laden dann ihre Interessenvertreter aus
Medien, Politik und Wirtschaft ein, um Finanzen,
Nahrungsmenge, Bevölkerungsdichte, Rohstoffe,
Kontrollmechanismen und Länder in den Griff zu
bekommen.

Sind keine Nachrichten da, dann werden sie gemacht.
Wozu sind schließlich Nachrichtendienste da? Richtige
Informationen und Desinformationen, durch ungenaue
Recherchen führen zu Auswirkungen in Politik und
Wirtschaft. Somit auch auf die Börse.
Wenn sie Glück haben schaffen sie mal eine Trittbrettfahrt
nach oben.
Da dies den Herrschaften nicht reichte, haben sie die
Möglichkeit eröffnet, auf fallende Kurse zu setzen und
dabei exponentielle, stärkere Gewinne als der Kursverlust
ist zu realisieren. Die sogenannten Put Optionen. Im
Gegenzug gibt es dann noch die Call Optionen. Ebenfalls
stärkere Gewinne als der Kurs effektiv steigt zu erhalten.
Gewinne auf angelegtes Geld, welches bereits dem
Wirtschaftskreislauf entzogen wurde.

Damit machen auch die Banken ihr Geld, neben dem
Geldverleih an die Regierungen, welche mit Zinssätzen
belegt sind, die nie zurück gezahlt werden können. Derzeit
sind von der Bundesregierung allein über 64 Mrd. € Zinsen
für ein Jahr fällig, die sie sich von den Bürgern holen
möchte. Nur wenn die Bürger keine Arbeit und damit kein
Geld mehr haben, so können die Steuersätze 100%
betragen und nichts fließt mehr zu unseren regierenden
Wirtschaftsfachkräften.
Keine Schuldentilgung, keine Zinstilgung und die
Ländereien und Eigentümer fließen an die Zentralbanken.
Ich habe es hier etwas vereinfacht dargestellt, da nicht
jeder Volks- oder Betriebswirt ist, aber die Fakten und
Gesetze sind eindeutig. Keine Rückzahlung für ihre
Finanzierung des Eigenheimes und das Eigenheim ist unter
dem Auktionshammer.

Sieht man sich den Verlauf der letzten drei Jahre an, so
wird deutlich, wie schlecht doch unsere Experten und
Professoren sein müssten, wenn sie die Öl-Markt
Entwicklung nicht vorab erkannten. Dabei liegen
mittelfristige (5Jahre) und langfristige (10Jahre) Prognosen
in zahlreicher Form bereits vor.
Sind die regierenden Politiker in den letzten 60 Jahren im
Tiefschlaf gewesen? Haben wir jetzt die tollen, wachen
Überflieger? Wir sehen es an der Regierungsverschuldung,
für die der Staatsbürger bürgen muss, aber schon jetzt nicht
mehr kann – auf Generationen.

Die Ölpreisentwicklung:

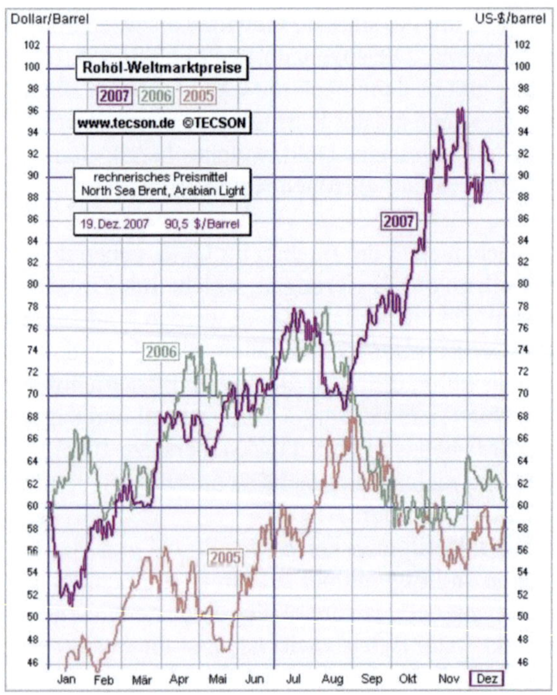

Ohne die plötzliche, derzeitige künstliche Panikmache

gebe es keine Überbewertung des Ölpreises. Oder Politiker und Experten hätten geschlafen.

Schauen wir uns das mal in Ruhe an (Grafik oben)[7]:
Im August 2007 lag der Ölpreis bei 70 $ pro Barrel (158,98 Liter). Dies waren am Montag, 27. August, 2007
70 US Dollar = 51.20552 Euro

Im August 2006 lag der Ölpreis bei 72 $ / Barrel. Dies waren am Sonntag, 27. August, 2006
72 US Dollar = 56.48122 Euro

Im August 2005 lag der Ölpreis bei 64 $ / Barrel. Dies waren am Samstag, 27. August, 2005
64 US Dollar = 52.10878 Euro

Einmal zur Tankstelle. 40 Liter Benzin kosten derzeit 55,20 €
Ob die Bezeichnung nun Mineralölsteuer, Umsatzsteuer oder neues Energiesteuergesetz vom 15. Juli 2006 heißt, Tatsache bleibt, das in Deutschland pro Liter Kraftstoff 0,87 € in die Staatskasse fließen. Dies sind bei 40 Liter Betankung mal eben ein Anteil von 34,80 € für die Regierungskasse. Plus Parkraumgebühr, plus Kfz-Steuer, plus Steuern bei Reparaturen, unsinnige Parkverbote zwecks Einnahmen, plus hinterlistiger Blitzereinnahmen, plus nicht angeschnallt obwohl Schwanger, plus Handy statt Zigarette, usw.. Arme, arme Autofahrer.

Der reguläre Preis, welcher die 40 Liter Kraftstoff derzeit Wert wären, läge demnach bei (1,40 – 0,88 = 0,52 € x 40 Liter) 20,80 €.

Der Bürger in Deutschland zahlt demnach 170% mehr, als der Kraftstoff an Wert hat.
Nehmen Sie mal trotz vertraglicher Regelung 170% Zinsen für verliehenes Geld, unsere Juristen springen vor Lachen

im Kreis – klarer Verstoß gegen das BGB.

Streitete man sich im Jahre 1150 nach Chr. wegen der Abgabe des sogenannten ZEHNTEN (10 ten), so sind wir hier beim HUNDERSIEBZIGSTEN (170 ten), auf unserem Gehaltsnachweis bereits beim FÜNFZIGSTEN (50 ten). Wohin soll das noch führen?

Hier wird das Wort ReGIERung deutlich und mir fällt in diesem Zusammenhang das Wort Wucher ein:

BGB § 138 Sittenwidriges Rechtsgeschäft; Wucher
(1) Ein Rechtsgeschäft, das gegen die guten Sitten verstößt, ist nichtig.
(2) Nichtig ist insbesondere ein Rechtsgeschäft, durch das jemand unter Ausbeutung der Zwangslage, der Unerfahrenheit, des Mangels an Urteilsvermögen oder der erheblichen Willensschwäche eines anderen sich oder einem Dritten für eine Leistung Vermögensvorteile versprechen oder gewähren lässt, die in einem auffälligen Missverhältnis zu der Leistung stehen.

Wenn unsere Namenhaften deutschen Politiker meinen, dass die Ölkonzerne am Benzinpreis schuld seien, so sehe ich das mit sehr gemischten Gefühlen. Man sieht hier deutlich, wie sich unser Benzinpreis zusammensetzt und wer davon profitiert.

Im alten Rom lebte die Regierung in Saus und Braus, Sodom und Gomorra bis der Zerfall der Gesellschaft kam. Gebt den Leuten Brot und Spiele, damit sie von den desolaten Tatsachen abgelenkt werden. Ist die Dekadenz bereits bei uns zu einem Selbstläufer geworden? Hat man aus der Geschichte nichts gelernt?

Anstatt des kulturhistorischen Kinoklassikers „Nero" schaut die Kanzlerin lieber „Effi Briest", währenddessen ihre „Berater" neue Reformen ausarbeiten, die sie dann verkünden darf.

Man muss ihr verzeihen, denn als Kind der ehemaligen DDR waren eigenes Denken und Innovation nicht Staatskonform. Ein Land mit Militärparade und befohlenem Fähnchen schwingen. Parolen mit drohender Faust, vorwärts immer – rückwärts nimmer wurden 40 Jahre auf diese Menschen ausgeübt. Ein Land in welchem sozialkritische Filme und Regimekritik verboten waren. Dann plötzlich Bundeskanzlerin im „wilden Westen".

Nicht sie sollte den schwarzen Peter erhalten, sondern vielmehr die, welche sie bewusst in die Position protegierten, FDJ-Sekretärin der Abteilung Agitation und Propaganda, die alles Vorgegebene überzeugend wiedergibt, eine aus dem Volk – Ideal für die Marionettenspieler. Tödlich für das Volk.

Wechselkursproblematik und Arbeitslosigkeit

Die USA hat nach dem Zusammenbruch ihrer Goldwährung von Bretton Woods den Dollar als Leitwährung zum Erdöl gemacht. Dies geschah in Absprache mit der OPEC. Wir werden beim Thema Irak – Krieg darauf zurück kommen.

Dienstag, 01. Juni 2010 genau 1.23 US Dollar = 1.00 Euro Die Teilnehmer meiner Vorlesung baten mich in einer Diskussion, doch einmal kurz auf die Problematik des Wechselkurses einzugehen.

Thema: Wechselkurs. Die auf Devisenmärkten festgesetzten Kurse, je nach Nachfrage und Angebot. Daher wissen wir bereits wer hier bestimmt und wie manipuliert werden könnte.

Haben wir ein Wechselkursverhältnis von 1 US $ zu 1,46 € (Jan.2008) so bedeutet dies erst einmal einen schönen preisgünstigen Urlaub in den USA.

Weiter kann man Produkte, wie zum Beispiel eine Corvette (Sportwagen) zu derzeit 55.000 € erwerben, anstatt für 90.000 €, wie es in 2002 der Fall war.
Aus den USA kaufen oder „kommen lassen" heißt Import. Der Import (Einfuhr) sollte gleich dem Export (Ausfuhr) in Geldwerten sein, um ein Außenhandelsgleichgewicht zu erzielen.

In die USA zu verkaufen (Export von Deutschland) bedeutet für amerikanische Bürger das Gegenteil. Alles wird teurer aus Deutschland. Keiner will oder kann sich unsere Waren leisten.
Also kaufen die Bürger der USA zu diesem Preisverhältnis keine Waren mehr bei uns. Die beliebten deutschen Autos bleiben in Deutschland. Auch die, welche für den amerikanischen Markt produziert wurden, denn die werden durch den festgelegten Wechselkurs viel zu teurer für deren Einkommen.

Die Folge ist ein Nachfragerückgang aus den USA und damit ein großes Problem für Deutschland. Ein Nachfragerückgang in Deutschland, der zu einem Rückgang der Produktion führt. Geht also der Export zurück, da die Auslandsnachfrage zurückgeht, so werden Produktionen zurück gefahren. Es kommt durch weniger benötigte Produkte, zu einer geringeren Produktion und damit werden auch weniger Mitarbeiter benötigt. Die Folgen sind Entlassungen und hohe Arbeitslosigkeit.

Nun kommt es zum Folgeproblem. Wer arbeitslos ist hat Angst vor Ausgaben und sichert seine Existenz, wenn möglich durch festhalten des noch vorhandenen Geldes bzw. nicht ausgeben können, da nichts vorhanden ist. Durch Sparen erfolgt zusätzlich ein Nachfragerückgang, da die Leute nichts kaufen.

Weiter hinzu kommen dann noch große Unternehmen, Arbeitgeber die aus Deutschland fliehen und für weitere

Arbeitslosigkeit sorgen. Eine Kette mit verheerenden
Folgen.

Ein Problem, welches sich unsere Regierung selber durch
die Gesetzgebung geschaffen hat. Ich will vorerst nicht auf
zu hohe Unternehmensbesteuerung, überzogene
Umweltauflagen und andere Fakten eingehen, wichtiger ist
hier in erster Linie - Das Stabilitätsgesetz!

§ 1 Stabilitätsgesetz
Bund und Länder haben bei ihren wirtschafts- und
finanzpolitischen Maßnahmen die Erfordernisse des
gesamtwirtschaftlichen Gleichgewichts zu beachten. Die
Maßnahmen sind so zu treffen, dass sie im Rahmen der
marktwirtschaftlichen Ordnung gleichzeitig zur Stabilität
des Preisniveaus, zu einem hohen Beschäftigungsstand und
außenwirtschaftlichem Gleichgewicht bei stetigem und
angemessenem Wirtschaftswachstum beitragen.
Ich lese hier Beschäftigungsstand, Preisniveau (Warenkorb
mit dubiosen Waren) und außenwirtschaftliches
Gleichgewicht!? Bei einem überstarken Exportrückgang.

Sind nun zu viele Menschen in Deutschland ohne Arbeit,
so wird fälschlicher Weise noch das Rentenalter von 63 auf
65 Jahre herauf gesetzt, damit die noch nicht
abgewanderten deutschen Unternehmen noch ein paar 55
bis 64 jährige einstellen können. Das diese kein
Unternehmer mehr einstellt ist jedem klar, und daher eine
indiskutable Aktion, ja sogar Provokation der Regierung.
Warum dies also?

Die Antwort auf die Frage, kann nur Zwangsarbeit heißen,
den wer drei Jahre ohne Arbeit ist bekommt die Auflage
als MAE (Mehraufwandsentschädigung – sogenannte 1,-€
Jobs) Kraft zu arbeiten. Die müssen dann zwangsweise im
Gartenbau oder im Altenheim für 1,-€ plus Sozialhilfe
Untersatz arbeiten und nehmen Gärtnern und
Krankenschwestern den Arbeitsplatz weg, die dann

ebenfalls als MAE Kraft in benötigten Bereichen eingesetzt
werden, zum Beispiel als Reinigungskraft. Die
Reinigungskraft wird dann drei monatiger Weiterbildung
Sachbearbeiterin im Job Center, die Bürokauffrau bietet
sich dann als Reinigungsfrau unter einem Euro an,
vielleicht wird sie auch als überqualifiziert abgelehnt. Eine
Kette die eindeutig zur ausufernden Zwangsarbeit führt.

Was für eine desolate Politik wird hier betrieben. Das
Interesse der Staatsbürger, des Volkes sollte verfolgt
werden, nicht die Interessen der Hochfinanz durch
hauseigene Politiker.

Haben unsere führenden Politiker Kinder, für deren
Zukunft sie selber sorgen wollen, oder denken die
Hauptsache mir geht's gut, nach mir die Sintflut?
Viele schimpften auf ihre Eltern und Großeltern, dass sie
sich von einer kranken, gestörten Regierung im Jahre 1932
haben leiten lassen – Was werden unsere Kinder zu uns
sagen?

Wird das Rentenalter noch mal hochgesetzt, also von 65
Jahre auf 67 Jahre, so erhalten wir mehr Nachfrage am
Arbeitsmarkt, nämlich von denen, die normaler Weise
schon auf Rente wären. Clevere Politiker find ich, die
stecken die Rentner in den Arbeitsmarkt, dann sparen sie
die Rentenzahlungen und durch die Belastung sterben
einige sowieso bevor sie Rente erhalten. Vielleicht
bekommen sie noch entsprechende kostenlose
Medikamente von der Regierung subventioniert in
Zusammenarbeit mit der Pharmaindustrie.
Für diese tolle Politik erhöhen sie dann die Diäten, ihr
eigenes Gehalt.

Dazu kommt die Schulpolitik. Schon allein die
Schulzeitreduzierung bei Abiturienten von 13 auf 12 Jahre
zurückzusetzen bedeutet:
Noch mehr vorzeitige Nachfrager am Arbeitsmarkt –

Preise für Arbeitsleistung (Gehälter) fallen. Auf Grund des
Bildungsentzuges von einem Jahr (zuzüglich steigender
Lehrerfehlzeiten) noch mehr Verlust von Bildungsqualität
und damit gewollter/tolerierter schlechter PISA Studie.
Bestürzen der Politiker nach außen, aber durch ihre
Gesetzgebung intern eindeutig gewollter, sozialer Abbau.
Wo bleiben hier die „Guten Sitten", welche sogar im BGB
verankert sind.

Zu der Anhäufung von Fastrentnern und Bildungsarmen
am Arbeitsmarkt kommt noch der Abzug von großen
Unternehmen. Die Folge sind nochmals zusätzliche
Arbeitslosigkeit und immer weiter fallende Gehälter.

Auch die Aussage vom 01.06.2010, dass die
Arbeitslosenzahlen seit 1993 am niedrigsten sind ist
vorsätzlich gelogen.
Ein Vergleich ist deshalb nicht möglich, da im Laufe der
Jahre die Berechnungsgrundlagen durch die Regierung
mehrfach geändert wurden. Selbst in der Tagesschau
wurde gesagt: „Immer wieder formulierte die Politik die
Kriterien so um, dass die Arbeitslosenzahlen offiziell
sanken". Hier die Kriterien, welche die effektiven
Arbeitslosenzahlen schönen bzw. verfälschen.
Keine Berücksichtigung von: Arbeitslosen, die in eine
Maßnahme gesteckt werden, was meist vor
Zahlenermittlung verstärkt erfolgt. Fort- und
Weiterbildung, Mehraufwandsentschädigung, 1,-€ Jobber,
Unterbeschäftigte, im Stellenpool geparkte Menschen,
Teilnehmer an Trainingsprogrammen, 58 jährige die über
ein Jahr lang ALG 2 beziehen, Schulabschluss Nachholer,
Arbeitslose bei privaten Arbeitsvermittlern, nicht
gemeldete Arbeitslose, deren Partner verdient,
Saisonarbeiter, ahnungslose werden in die Selbständigkeit
geleitet und weitere Tricks.

Dazu noch die Insolvenzen von jährlich über 35.000
Unternehmen, sowie Abwanderungen von anderen großen

Unternehmen und trotzdem sind manche Politiker so dreist
und reden von einer Senkung der Arbeitslosenzahlen.
Ähnlich äußerte sich Ex-Bundesarbeitsminister Olaf
Scholz. Der Chef der Bundesagentur für Arbeit, Frank-
Jürgen Weise, rechnet trotz niedrigerer
Wachstumsprognosen auch nicht mit einer steigenden
Arbeitslosenzahl im Jahr 2011.
Haben die Herren die Firmen Holzmann, Daewoo, Nokia,
BenQ, Siemens, andere der Automobilbranche, Zulieferer,
Volksfürsorge, Motorola, Henkel, Kroymans, Banken und
Weitere aus der Statistik genommen?
Wie soll es da zu weniger Arbeitslosen kommen, wenn
Betriebe sich zurückziehen anstatt zu expandieren?
Wie soll es da bitte zu mehr Arbeitsplätzen und geringeren
Arbeitslosenzahlen kommen? Wird das Volk überhaupt
von Denkenden im Namen des Volkes regiert, oder haben
wir in Deutschland nur noch Dichter, wo bleiben die
Denker? Wie in der verkehrten Welt, läuft hier alles
umgekehrt.

Das hier ungestraft gelogen wird ergibt sich nicht zuletzt
aus der logischen Konsequenz, von sinkenden
Steuereinnahmen bei steigenden Steuersätzen. Wer durch
Arbeitslosigkeit kein Geld verdient, zahlt auch keine
Steuerabgaben. Hier ist der erste Doppelschuss nach
hinten. Arbeitslose zahlen keine Steuern, Geringverdiener
zahlen nur wenig Steuern. Selbst bei Steuererhöhungen
gehen die Steuereinnahmen somit zurück.

Fassen wir zusammen, vorzeitige Schulentlassung bei
starkem Unterrichtsausfall, alte Menschen, die viel Geld
für ihre Altersversorgung genannt Rente einzahlen
mussten, steigende Insolvenzen und Konkurse seit 2007. In
2010 ca. 35.000, Diätenerhöhung um ca. 270,-€/Monat pro
Politiker, Schwache Schulpolitik, Massenarbeitslosigkeit,
Versagen: § 1 Stabilitätsgesetz, denn Zielkonflikte sind
zum Beheben da und nicht zum verschönen durch
Abänderungen in der statistischen Datenerfassung.

Oder ist damit das Problem vom Tisch?

Insolvenzen

Neben den steigenden Steuersätzen, steigen auch die
Insolvenzen.
Die Insolvenz ist gekennzeichnet durch eine
Zahlungsunfähigkeit, oder eine drohende
Zahlungsunfähigkeit mangels Liquidität. Der Punkt der
Überschuldung ist gegeben wenn feststeht dass die
Schulden niemals mehr beglichen werden können. Eine
Situation, in welcher ein Schuldner seinen
Zahlungsverpflichtungen an die Gläubiger nicht mehr
nachkommen kann, wie derzeit in 2010 die über 1,6
Billionen Euro (3,2 Billionen DM), das sind 1.600 Mrd.€
Regierungsschulden Deutschlands. Über Jahre hinweg ist
hier eine starke Insolvenzverschleppung zu verzeichnen.
Da die Verschuldung im Jahre 1970 bei noch 62 Mrd. Euro
(umgerechnet von DM) lag und in 1990 bereits bei 536
Mrd. € war, ist hier von einer eindeutigen und bewussten
Verschleppung auszugehen.
CDU und SPD sind nicht in der Lage gewesen dies über 50
Jahre zu erkennen, oder zu beseitigen. Eine
Weiterverschuldung in Hoffnung einer Schuldentilgung ist
unlogisch und grob fahrlässig.

Bund, Länder und Gemeinden sind juristische Personen
des öffentlichen Rechts. Die Insolvenzverschleppung ist in
Deutschland eine Straftat. Der Gesetzestext der InsO §15a:

(1) Wird eine juristische Person zahlungsunfähig oder
überschuldet, haben die Mitglieder des Vertretungsorgans
oder die Abwickler ohne schuldhaftes Zögern, spätestens
aber drei Wochen nach Eintritt der Zahlungsunfähigkeit
oder Überschuldung, einen Insolvenzantrag zu stellen. Das
Gleiche gilt für die organschaftlichen Vertreter der zur
Vertretung der Gesellschaft ermächtigten Gesellschafter
oder die Abwickler bei einer Gesellschaft ohne

Rechtspersönlichkeit, bei der kein persönlich haftender Gesellschafter eine natürliche Person ist; dies gilt nicht, wenn zu den persönlich haftenden Gesellschaftern eine andere Gesellschaft gehört, bei der ein persönlich haftender Gesellschafter eine natürliche Person ist.

(2) Bei einer Gesellschaft im Sinne des Absatzes 1 Satz 2 gilt Absatz 1 sinngemäß, wenn die organschaftlichen Vertreter der zur Vertretung der Gesellschaft ermächtigten Gesellschafter ihrerseits Gesellschaften sind, bei denen kein Gesellschafter eine natürliche Person ist, oder sich die Verbindung von Gesellschaften in dieser Art fortsetzt.

(3) Im Fall der Führungslosigkeit einer Gesellschaft mit beschränkter Haftung ist auch jeder Gesellschafter, im Fall der Führungslosigkeit einer Aktiengesellschaft oder einer Genossenschaft ist auch jedes Mitglied des Aufsichtsrats zur Stellung des Antrags verpflichtet, es sei denn, diese Person hat von der Zahlungsunfähigkeit und der Überschuldung oder der Führungslosigkeit keine Kenntnis.

(4) Mit Freiheitsstrafe bis zu drei Jahren oder mit Geldstrafe wird bestraft, wer entgegen Absatz 1 Satz 1, auch in Verbindung mit Satz 2 oder Absatz 2 oder Absatz 3, einen Insolvenzantrag nicht, nicht richtig oder nicht rechtzeitig stellt.

(5) Handelt der Täter in den Fällen des Absatzes 4 fahrlässig, ist die Strafe Freiheitsstrafe bis zu einem Jahr oder Geldstrafe.

Ist die Rechtsprechung (Judikative) bemüht, die Gesetzgebung (Legislative), also unser demokratisches Parlament zu schützen? Vielleicht liegt hier bereits eine Fusionierung im Sinne der Globalisierung vor, von der wir noch nichts hören bzw. lesen konnten, da sich die vierte Macht, die Medien gerade in Übernahmeverhandlungen befindet?

Wie kommt es nun zu diesem „Schneeballsystem" der
Insolvenzen bei den Unternehmen. Es gibt mehrere
Gründe, wie den Zins, den Ausfall von
Zahlungseingängen, Versagen weiterer Kredite, fehlende
Nachfrage und Vorproduktion.

Wie kommt es, das gerade große Unternehmen in den
„Konkursstrudel" geraten?
Hier ein vereinfachtes Beispiel zur Erklärung der
Zinskosten: Ein großes Autohaus hat 1000 neue Fahrzeuge
im Jahr zu vermarkten. Bei einem Durchschnittswert von
30.000,-€ (Umsatz ca. 30 Mio. €) werden dort nach 90
Tagen 3% Zinsen fällig. Dies wären 675.000,-€ Zinsen,
wenn kein Fahrzeug verkauft werden würde. Geht die
Nachfrage zurück, in Folge von fehlenden Einkommen, so
tritt genau dieser Fall ein. Schießt die Bank einen Kredit
nach, so muss das Unternehmen hoffen, das der Absatz zu
einem späteren Zeitpunkt erfolgt. Nur allein für die
Deckung der Zinsen müssten 23 Fahrzeuge verkauft
werden, aber auch die Kosten laufen weiter und die
Ablösung der Einkaufspreise muss ebenfalls erfolgen. Eine
Marge von 20% pro Fahrzeug ist nicht viel, zumal schon
12% jedem Käufer als Nachlass gewährt werden.
Geschieht weiterhin keine Bewegung am Markt, da die
Kaufkraft nicht mehr vorhanden ist, so haben wir eine
Überschuldung vorliegen. Was erschwerend hinzukommt
ist, dass die Waren älter werden und dadurch zusätzlich an
Wert verlieren. Die Zinsen und die Ablösesummen beim
Hersteller können nicht mehr getragen werden.

Der kleinere Händler kann noch Glück haben. Er muss nur
100 neue Fahrzeuge pro Jahr (Umsatz ca. 3 Mio. €)
verkaufen. Die Zinslast liegt bei 67.500,- €. Mit dem
Umsatz von 3 verkauften Fahrzeugen kann er seine Zinsen
decken, aber muss auch noch den Einkaufspreis aufbringen
und hat daher kurzfristig bessere Überlebenschancen am
Markt.

Die Globalisierungspolitik lässt durch Konditions- und
Subventionsvorteile der Großbetriebe die Kleinen vom
Markt verschwinden. Die Aufhebung der
Gruppenfreistellungsverordnung der EU sorgt somit für
Mehrmarkenstrategie der Großhändler. Sie können durch
strategische Preisbildung das Produkt des kleinen Händlers
unterbieten, indem sie es selber zum Selbstkostenpreis oder
sogar zum Einkaufspreis anbieten und den eventuellen
kurzzeitigen „Verlust" auf die anderen Produkte verteilen,
bis der kleine Händler vom Markt verdrängt wurde. Diese
Vorgehensweise lässt sich auch gut am Markt für
Unterhaltungselektronik verfolgen. Fernseher zu
Niedrigpreisen – eine Reparatur wäre teurer. Eine unfeine,
aber clevere Variante.

Das Schneeballsystem der Insolvenzen funktioniert
folgendermaßen. Ihr Unternehmen läuft noch gut. In der
Bilanz sind Forderungen von 150.000 ,-€ und
Verbindlichkeiten in Höhe 130.000,-€. Dies ging über
Jahre gut. Monatlich konnten 130.000,-€ gezahlt werden.
Nun fallen zwei Großkunden wegen Insolvenz weg, aber
die Schuldentilgung läuft weiter. Erst werden die Schulden
noch durch eventuelle Gewinne gedeckt. Bleiben neue
Großkunden aus, so ist eine Insolvenz ihres Unternehmens
durch die Insolvenz der anderen Unternehmen nicht
abzuwenden. Haben sie auch noch Verbindlichkeiten
gegenüber anderen Unternehmen, so geraten diese
ebenfalls in Gefahr. Ein Schneeballsystem, das auch im
nächsten Beispiel große Wirkung zeigt.

Ein zusätzliches, gravierendes Problem ist die Anlage der
Unternehmen von mittelfristigem Kapital. Das
erwirtschaftete Geld soll nicht zinslos in der Kasse liegen
und an Wert verlieren. Daher wird die mittelfristige bzw.
langfristige Liquidität entsprechend am Kapitalmarkt
angelegt. Dies geschieht über Anteilsbeteiligungen an
verbundenen Unternehmen, Spekulationsgeschäften am

Börsen- und Wertpapiermarkt mit Optionen, Aktien, Währungen, Staatsanleihen, Fonds, Immobilienbeteiligungen, usw.. Kracht es dort, wird das Unternehmen sofort vom Sog mitgezogen – und es zieht Andere mit sich.

Erkennbar in den Sog geratene Unternehmen versuchen daher vorab mit Gleichgesinnten zu fusionieren, was die Monopoltendenzen der gewollten Globalisierung verstärkt und das Kartellamt zukünftig überflüssig machen wird.

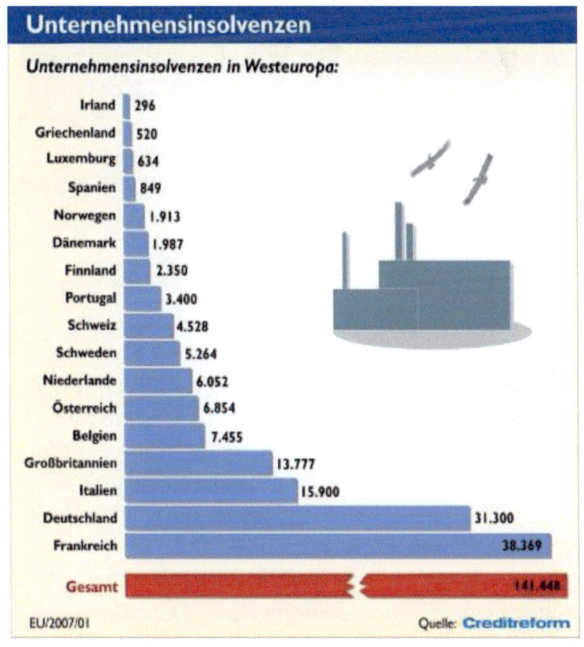

In 2009 waren es 36.000 Insolvenzen in Deutschland,[8] Tendenz europaweit steigend.

Volkswirtschaftlich haben nun die Länder gegenseitige Forderungen und Verbindlichkeiten. Der Effekt ist identisch. Griechenland kann seine Verbindlichkeiten

gegenüber Portugal und Deutschland nicht erfüllen.
Zahlungsausfälle führen zu kalkulierten Einnahmen,
welche nicht stattfinden und somit für eigene
Schwierigkeiten in der Zahlung gegenüber anderen
Ländern führen. Diesen Ländern geht es dann ebenso und
schon ist die Weltwirtschaftskrise nicht mehr zu bremsen.
Die Zentralbanken holen sich ihren Zins in Form von
Grund und Boden durch gesetzliche Enteignung.

Die Volksvertreter vertreten mit ihrer Politik nicht das
Volk bzw. die Staatsbürger.
Die Bürger sind der Staat und nicht die Regierung, welche
sich als Staat bezeichnet. Das Wort Staatsschulden soll
psychologisch den Staatsbürger zum Schuldner machen.
Richtig heißt es Regierungsschulden, denn diese
Regierung, hat die Schulden gemacht, nicht die
Staatsbürger. Diese genaue Sichtweise lässt vieles noch
transparenter werden.

Die Privatisierung

Über unsere Medien hören wir Aussagen wie,
Privatisierung ist prima, endlich Unternehmen, welche
vernünftig wirtschaften, oder nur große Unternehmen
können die Betriebe auf Vordermann bringen. Warum das
sehr in Frage zu stellen ist und in anderen europäischen
Ländern schon zu starken Problemen führte schreibt kaum
jemand. Wir schauen uns das an.

Staatsgüter gehören der Gemeinschaft. Der Staat ist die
Gemeinschaft aller Bürger, die in diesem Staat leben.
Damit diese Gemeinschaft zusammen funktionieren kann
benötigt sie Gemeinschaftsgüter wie Schulen,
Krankenhäuser, Personal, Infrastruktur, Verkehrsbetriebe,
Wasserbetriebe, Stromversorger, Bahn, Stadtwerke,
Immobilien, Gebäude, Polizei und vieles mehr. Privat heißt
übersetzt: nicht öffentlich, nicht staatlich und stammt von
dem lateinischen Wort privare, was berauben bedeutet.

Demzufolge werden bei einer Privatisierung öffentliche
Gemeinschaftsgüter von privaten Investoren aufgekauft.
Für die Gemeinschaftsgüter wurden bereits Steuergelder
gezahlt, die auf Grund der Misswirtschaft nie ausreichten.
Um davon abzulenken werden nun Teile der Gemeinschaft
durch die Regierung verkauft.
Das Land ist pleite und benötigt dringend Liquidität, um
den Zusammenbruch auf weitere 3-4 Jahre nach hinten zu
verschieben.
Es geht um kurzfristige Liquidität, um eine neue
Krediterweiterung zu erhalten, die eine deutsche
Regierungsverschuldung auf über 2,0 Billionen € in 2011
mit sich bringt, die nie mehr beglichen werden kann.

Durch die Privatisierung kommt es demzufolge zur
Enteignung von den oben genannten Gemeinschaftsgütern
durch die Regierung an den Investor, der sofort Eigentümer
dieses Gutes wird. Der Investor kann ein Unternehmen,
eine Versicherungsgruppe, eine Bank selbst, oder eines
ihrer Tochterunternehmen sein.

Ziel einer Investition in Güter ist es, möglichst mehr
Rendite zu erwirtschaften, als man für das eingesetzte
Kapital am Kapitalmarkt erhalten würde. Also
kalkulatorisch über 10%.
Bei der eher älteren Bahn wird daher der Verkaufspreis
nicht gerade hoch sein.
Der Investor wird ferner versuchen die Kosten drastisch zu
reduzieren und die Gewinne zu maximieren. Entlassungen,
ungenauere Zeiten, Einsparungen in der Sicherheit und
Kontrolle, sind nur einige negative Folgen der
Privatisierung.
Die Einsparungen in Sicherheit und Kontrolle wird zu
katastrophalen Unfällen führen, wie seinerzeit in Eschede.
Es kam bereits zur Zerlegung von Bahn - Unternehmen,
indem der neue Investor bestimmte Strecken komplett
gestrichen hatte.
Fahrtanschlüsse konnten nicht mehr zeitlich gewährleistet

werden, da für diese Strecken andere Investoren zuständig
waren und die Absprachen nicht stattfanden, oder aus
Kostengründen für nicht notwendig erachtet wurden, da
nur ein kleiner Teil der Bevölkerung einen Nutzen hätte,
der wiederum für den Investor zu unrentabel war. Die
maximale Rendite zu minimalen Kosten ist das Ziel eines
Investors, nicht die Bedürfnisse der Gemeinschaft. Frei
nach dem Motto: Nach mir die Sintflut.

Eine moderne Variante des Ausverkaufs von
Gemeinschaftsgütern ist das Cross Border Leasing, was
eine Abwandlung des Sale and lease back Leasings
(verkaufe und lease zurück) ist. Hier geht's also über die
Grenzen zu zwei Ländern. In einem sitzt der Leasinggeber
im anderen der Leasingnehmer. Hier spielen neben der
Liquidität auch steuerrechtliche Kriterien eine große Rolle.
Dass unsere Regierung vom Bürger hohe Steuerabgaben
verlangt wissen wir, warum sie aber den Investoren steuern
schenkt können wir nur vermuten. Verkauf von
Gemeinschaftsgut im Namen des Volkes?

Das funktioniert so: Die Stadt verkauft Teile des
öffentlichen Nahverkehrs an einen amerikanischen
Investor, da keine Gelder mehr für eine Sanierung
vorhanden sind.
Der Investor kauft für 1 Mrd.€. Die kurzfristige Einnahme
von 1 Mrd.€ sorgt für momentane Liquidität und kann für
eine weitere Kreditaufnahme genutzt werden. Ein
kurzzeitiges Schönen der Bilanz. Die Stadt erhält das Geld
aber nicht direkt, da es sofort an eine Großbank
weitergeleitet wird. Diese Bank zahlt dann die vereinbarten
monatlichen Leasingraten der Stadt an den amerikanischen
Investor, damit die Teile des öffentlichen Nahverkehrs
wieder genutzt werden können. Nach der Leasingzeit
kommt die Erleuchtung.
Da die Stadt keine Einnahmen mehr vom Nahverkehr hat,
ist auch kein Geld für einen eventuellen Rückkauf
vorhanden. Nach 3 Jahren kommt dann das große

Erwachen der permanent gestiegenen Verschuldung. Ein grob fahrlässiges Vorgehen.
Oftmals sind die zu verkaufenden Objekte schon in einem stark renovierungsbedürftigen Zustand, da sie dem Investor für einen Euro geschenkt werden, damit dieser wenigstens eine Grundsanierung durchführt. Ob er dies macht in Frage zu stellen und kann nur gehofft werden.

Wie auch bei einem Leasingfahrzeug wird nur der Nutzen über einen Zeitraum von meist 36 Monaten gezahlt, es ist kein Eigentumserwerb vorhanden, wie nach der letzten Ratenzahlung einer Finanzierung. Die Stadt erhält also nicht mit der letzten Leasingrate das Verkehrsnetz zurück. Nach der Leasinglaufzeit bleibt der Leasinggeber (amerikanischer Investor) Eigentümer des Nahverkehrsbetriebes. Ist das christliche und soziale Regierungspolitik?

Die EU sorgt für den schnellen Ausverkauf der Städte und EU Länder.
Griechenland musste schon seinen Hafen in Piräus an einen chinesischen Investor veräußern. Rechte und Einnahmen des Hafens fließen an die chinesische Firma Cosco. Ein Rückkauf scheint schon jetzt ausgeschlossen zu sein, wo sollen die Gelder für den Rückkauf stammen, wenn die Einnahmen über den Hafen nach China fließen? Wie hoch ist der eventuelle festgelegte Rückkaufwert nach Jahren der Nutzung ohne neue Investitionen zu tätigen? Maximale Gewinne bei minimalen Kosten.

Politische Medienmanipulationen

Pressefreiheit bezeichnet das Recht von Rundfunk, Presse und Online-Medien auf freie Ausübung ihrer Tätigkeit, vor allem das unzensierte Veröffentlichen von Informationen und Meinungen. In Deutschland ist die Pressefreiheit gemeinsam mit der Meinungsfreiheit, der Rundfunkfreiheit und der Informationsfreiheit durch Artikel 5 Absatz 1 des

Grundgesetzes vorgegeben.

Eine aktuelle Medienmanipulation stellt die folgende
Aussage aus der B.Z. Berliner Zeitung vom 11. Juni 2010,
Seite 2 dar. Hier heißt es: „Pünktlich zum heißen Wetter
dürfen sich viele Berliner auf Urlaubsgeld freuen. Die
Firmen zahlen dieses Jahr zwischen 155 und 2033 Euro.
Nur in wenigen Unternehmen gehen die Mitarbeiter leer
aus“.

Unter dem Oberbegriff Unternehmen findet man u.a.
IKEA, H&M, Siemens, die Urlaubsgeld zahlen. Der
Durchschnittsverdienst Brutto 3.200,- €, was pro Jahr
zuzüglich Urlaubsgeld ca. 40.000,-€ macht. Ebenfalls unter
dem Oberbegriff Unternehmen fällt hier – hoppla - die
Bundesregierung, die gar kein Unternehmen ist. Nach
Angaben der B.Z. gehen hier die Mitarbeiter des
Unternehmens Bundesregierung leer aus, bei einem Gehalt
von ca. 100.000,-€ pro Jahr.

Liebe B.Z. Redaktion, da verzichtet man gern auf sein
Urlaubsgeld von 2.000,-€, wenn man dadurch ca. 60.000,-€
mehr pro Jahr erhält, als andere Bürger mit dem
Urlaubsgeld. Ihre Leser zahlen 0,60 € für diese Zeitung,
warum versuchen sie diese zu manipulieren? Ohne Ihre
Leser hätten sie keine Einkünfte und keine Macht mehr,
das sollten sie nicht vergessen.

Der Hinweis das Karstadt insolvent ist wurde dick
gedruckt. Dass unsere Bundesregierung bei diesen
überbezahlten Politikern ebenfalls insolvent ist wird
verschwiegen. Gehalt der Regierenden über 100.000,-€ pro
Jahr, bei 1.600 Mrd. (sprich 1,6 Billionen)
Regierungsschulden. Über diesen langen Zeitraum ist dies
eine eindeutige Insolvenzverschleppung.
Gibt es eine Pressezensur, oder warum wird hierüber nicht

berichtet? Die Angst von Regierungen, ihre Fehlleistungen und vielleicht Inkompetenz zu veröffentlichen, könnte genau dazu führen, damit die Bevölkerung nicht revolutioniert.

Bei vielen Leserbrief Rubriken steht: Die Redaktion behält es sich vor Artikel zu kürzen oder einzustellen. Dies ist aus Platzmangel und um Wiederholungen zu vermeiden sicher sinnvoll. Leider wird durch Kürzungen und Abänderungen oft der Inhalt verfälscht, wie ich selber in speziellen Tests ermitteln konnte.

Hier ein Beispielthema. Herr Eichel zur 1,4 Billionen Staatsverschuldung.

Der Brief:
Feiertage für das Bruttoinlandsprodukt weiter streichen? Arbeitslosenzahlen verschönen? Alles auf „schwache Schüler" und die Pisa-Studie abwälzen?
Wir haben einen Gleichheitsgrundsatz, der sowohl für alle Menschen, als auch für alle Menschen in verschiedenen Bundesländern gelten sollte.
Warum Feiertage streichen, wenn in einigen Bundesländern mehr Feiertage vorherrschen, als in anderen Bundesländern. Ist dies noch gerecht? Wird hier wirklich an das Bruttoinlandsprodukt gedacht?
Wir sind zwar ein veraltetes Land, was die Bevölkerungsstruktur angeht, aber nicht so daneben, wofür uns unsere Politiker halten.
Im Gegenteil: 1,45 Billionen Staatsverschuldung sind daneben.
Durch Verlängerung der Schulzeit und weniger Stundenausfälle durch Lehrermangel/-Krankheit wären unsere Schüler nicht nur schlauer sondern kurzzeitig auch weg von der Arbeitsplatzsuche. Zusätzlich noch eine Verkürzung der Lebensarbeitszeit auf 60 Jahre, gäbe den Arbeitssuchenden die Chance etwas zum Bruttoinlandsprodukt beizutragen bzw. zu erhöhen. Hinzu

käme die erhöhte Nachfrage nach Produkten und somit zu
Kapazitätsauslastungen von Unternehmen, die an
Expansionen (Erweiterungen) denken könnten.
Auch Steuern würden dann gesenkt werden können, was
Unternehmen und Steuerzahler erfreuen und motivieren
würde. Stattdessen kommt es seit Jahren zu einem Aufbau
der Schulden durch die Regierung. Vielleicht hätten sich
Herr Eichel und seine Vorgänger mal den Maßanzug
ausziehen sollen und einen „Blaumann" anziehen.
Jeder Manager, der sein Unternehmen nicht im Griff hat
fliegt und jeder Geschäftsführer der in Insolvenz geht, steht
mit einem Bein im Gefängnis und nicht im nächsten
Aufsichtsrat.
Jeder Student im ersten Semester
Wirtschaftswissenschaften kennt das Magische
Viereck/Sechseck und weis dessen Zielkonflikte zur
jeweiligen Situation einzusetzen – wozu also
fadenscheinige und hoch dotierte Kommissionen?

Von diesem Brief wurden 20% gedruckt. Es liegt der
Presse frei, einen Leserbrief zu drucken oder nicht – dies
ist auch eine Form der Pressefreiheit.

Die Arbeitslosenzahlen steigen, Unternehmen stellen keine
teuren Arbeitskräfte ein, sondern lassen sich von der
Agentur für Arbeit so genannte MAE (Mehr Aufwands
Entschädigung) Kräfte kommen. Arbeiter für 1,00 pro
Stunde. Diese nehmen anderen Arbeitswilligen wiederum
die Arbeit gegen gerechtes Entgelt weg, das ansonsten
nachfragewirksam werden könnte. Somit folgt
Nachfragemangel. Ein Rückgang der Produktion, wie oben
bereits erwähnt.

Dies sehe ich als Ausbeutung der Arbeitskraft an und
erinnert mich an den Film Schindlers Liste sowie den
Aufbau großer Unternehmen nach dem Krieg durch
kostenlose Zwangsarbeiter. Die Frechheit der Aussage
„Arbeit macht frei" in voller Bedeutung. Die Häftlinge

arbeiten für ein Glas Wasser und eine Scheibe Brot pro
Tag - sonst würden sie in Haft umkommen. Lieber
versklavt als Tod? Der Unternehmer als „Menschenfreund"
zur Befriedigung seiner eigenen Profitgier.

Zu welcher Zeit wurde F. Flick „erfolgreicher
Unternehmer"? Nach beiden Weltkriegen wurde er zum
reichsten Deutschen. Borsig, Thyssen, Krupp, usw. nutzten
ebenfalls die Gunst der Stunde.
Fazit: Dann sollen sie auch die Kosten ihres Erfolges
tragen, und nicht die heutige deutsche Bevölkerung. Sie
schwächen mit ihrem Kapitalentzug die Wirtschaft und
müssten durch die Regierung hoch besteuert werden, nur
bleiben dann höchstwahrscheinlich die
Parteiunterstützungen aus. So hatte Herr Flick seiner Zeit
Herrn Kohl sehr stark protegiert, der dann seinerseits sehr
christlich und positiv dem Konzern gegenüber orientiert
war.

Ein Zitat von Willy Brandt:
Die Grenzen des zumutbaren sind erreicht -
Wahres Recht und Gesetz haben sich auf Dauer, in der
Geschichte nicht unterdrücken lassen.

Es regiert (nicht nur) am 1.Mai in Berlin das Chaos!
Ein Bürgermeister, der mit einem Mann zusammenlebt und
sich auf Partys öffentlich mit Frauen rumknutscht, was
auch unsere Kinder und Jugendlichen im Fernsehen sehen
konnten. Er steht in der Öffentlichkeit. Ist das Verhalten
eine vorbildliche Tugend oder spiegelt es die Dekadenz der
Regierung wieder, die schamlos zuschaut?

Damit nicht genug, der Bürgermeister sagt selber, dass er
sein Kind, falls er eins hätte, nicht in Kreuzberg auf eine
Schule geben würde. Wäre es nicht ratsamer etwas gegen
diese wenigen negativen Aspekte zu unternehmen, anstatt
nur zu reden?
Dann noch die Schließung des Flughafens Tempelhof,

anstatt diesen für den direkten Transport (per
Hubschrauber) von Politikern zum Bundesamt zu nutzen.
Nein, da lässt der Bürgermeister lieber die Straßen sperren
und sorgt für Verkehrschaos und Bremsung unseres
Berliner-Bruttosozialproduktes, nur weil ein chinesischer
Volksvertreter in Berlin Begleitservice (zur eigenen
Sicherheit) erhält, der in seinem eigenem Land für
öffentlichen Mord an Studenten sorgt. Währenddessen
Hunderte von Berliner Bürgern ärger mit ihrem Chef
bekommen, oder sogar ihre Kündigung erhalten. Alles
gegen die Ansprache vom Bundespräsidenten Horst
Köhler, der für mehr Volksentscheidungen plädierte.

China - Hinrichtungen für den sozialen Frieden? Die
chinesische Regierung hat eingeräumt, dass es in den
Tagen vor dem Neujahrsfest mehr als 200 Hinrichtungen
gab. Vielfach wurden die Menschen hingerichtet, um - so
die offizielle Begründung - an den Feiertagen soziale
Stabilität garantieren zu können. Amnesty International
schlägt Alarm. Währenddessen sorgt Herr Wowereit für
freie Fahrt des chinesischen Präsidenten. Dies alles für
einen Volksvertreter, der nicht einmal die Menschenrechte
einhält und auch in seinem Land keine CO2 Werte
einhalten muss. Kein Wunder wenn die Unternehmen sich
aus Berlin und Deutschland zurückziehen und sich in
China nieder lassen. Geschäft kommt vor Politik und diese
vor Ethik.

Wer sich mit der vierten Gewalt, den Medien auseinander
setzt sollte dies besonders beachten. Die Auswahl der
Themen wird vorab durch die Redaktions-Chefs selektiert.
Ob Rundfunk, Zeitung, Fernsehen und sicherlich auch bald
im Internet über entsprechende Software. Demzufolge ist
hier bereits eine Steuerung vorhanden. Es gibt keinen
Anspruch auf die Veröffentlichung von Leserbriefen. Es ist
somit das Einfachste für die Hochfinanz sich in die Medien
„einzukaufen" und somit die gewünschten Artikel zu
schreiben und Berichte zu diktieren, welche der Bürger zu

einem bestimmten Zeitpunkt lesen, sehen und hören soll.

Die ständige Wiederholung sorgt für ein gewisses Einprägen ins Unterbewusstsein, also im Gehirn. Dies wird durch entsprechende Musik, Tonart, Höhen und Tiefen in einem Krimi gut erkennbar. Schnelle Filmsequenzen am Ende, außergewöhnliche Bilder die sich einprägen sollen, Erkennungsmelodien (Start von Windows, Handy Einschaltung, usw.), Slogans oder Vorurteile zu wiederholen, sowie der Einsatz von Farben, unterstützen Botschaften. Daher wird die verstärkte Art der Manipulation über einen längeren Zeitraum auch als Gehirnwäsche bezeichnet.

Der Deutsche Psychologe Kurt Lewin entwickelte ein Modell, um die nach seiner Ansicht notwendige Umerziehung (Reeducation) der Bevölkerung im Nachkriegs-Deutschland durchführen zu können. Er gibt drei Phasen vor. In der ersten Phase muss eine Veränderung vorbereitet werden (z.B. Geschichtsbücher schreiben). In der zweiten Phase wird ein verstärktes Training durchgeführt (z.B. Unterricht, Medien). In der dritten Phase die ständige Überwachung des Umgewöhnens (Einsatz der Exekutive). Viele Sekten gehen in dieser und ähnlicher Reihenfolge vor.

Als Basis diente dazu der Kaufman, Morgenthau- und der Marshall-Plan, deren Auawirkung wir erst heute erkennen können. Das Versailler Friedensabkommen war geradezu harmlos, im Vergleich zu dem, was sich die Alliierten für Deutschland nach 1945 ausdachten.
Da war einmal der Theodore Kaufman- Plan „Germany must perish"(Deutschland muss zerstört werden). Er sah vor, die Deutschen u.a. zu sterilisieren. Vielleicht versucht man dass mit der Gebärmutterhalskrebs Impfung, denn mehrere Ärzte sagten mir, dass es bis heute keine Impfung gegen den Krebs gäbe.

Der Marshallplan dagegen, gilt auch als der erste Schritt
zur europäischen Integration. Die Gründung einer
gemeinsamen Institution, der OEEC war eine
Voraussetzung dafür, dass Zollbarrieren abgebaut wurden.
Also zur EU und somit zur Globalisierung. Einen anderen
Plan hat man an der Harvard- Universität ausgearbeitet.
Nach ihm sollten alle Deutschen als lebenslängliche
Zwangsarbeiter auf die Nachbarvölker verteilt und
biologisch mit ihnen verschmolzen werden.
Dem Ohr Roosevelts am nächsten stand angeblich der
Henry Morgenthau-Plan, dessen „Program to prevent
Germany from starting a World War III „ dem
amerikanischen Präsidenten gut gefiel. Minister
Morgenthau musste nach Roosevelts Tod im April 45 sein
Programm angesichts der tauben Ohren der
amerikanischen Militärs wiederholt ändern. Er wollte uns
lediglich zu einem Ackerbauernvolk machen und, wie er
sich ausdrückte, „das deutsche Volk auf dem niedrigsten
Stand halten, den man sich vorstellen kann“.

Dazu kam die psychologische Umsetzung nach Kurt Lewin
und die entsprechenden Gesetze und fertig ist der vergiftete
Salat. Schauen wir uns um, die Alliierten haben ihren Mix
perfekt durchgesetzt. Nun hetze man die Bevölkerung
gegeneinander auf und kann in Ruhe regieren, besser
kontrollieren.

Eine weiterführende Form der Manipulation und
Gehirnwäsche ist die zeitweise Gedankenkontrolle. Hier
spielen Hypnose, Medikamente und elektromagnetische
Impulse eine wesentliche Rolle. Unter dem Namen
MKULTRA wurden in den fünfziger Jahren Versuche des
CIA durch namenhafte Wissenschaftler durchgeführt, die
eine längere Kontrolle der Probanden möglich machte.
Verfilmungen, wie beispielsweise „Der Manchurian
Kandidat“ oder „Telefon“ mit Ch. Bronsen basieren darauf.
Mit diesen Fakten der Manipulationsgestaltung beobachten
wir ab sofort unsere Politik, wie ungenaue Fakten

zielgerichtet genutzt werden, um dann entsprechende Gesetze zu erlassen, welche teilweise bereits in Vorarbeit fertig in der Schublade liegen.

Manipulation bei Sport und Wetter

Sport macht Spaß und ist gesund. Man sagt nicht umsonst, Körper und Geist sollen harmonisieren. Übertreiben sollte man den Sport aber auch nicht, egal ob Fußball, Radfahren oder Schach. Trainer sollen und wollen dies in ihrem Team fördern. Hier beginnt schon unsere sportlich positive Beeinflussung (Manipulation) auf den Sportler. Der Trainer hat demnach die Macht, dass alle machen was er sagt, wer nicht wie besprochen mitspielt fliegt raus.

Olympia 2008, Sport in China, in einem Land, wo Menschenrechte mit Füßen getreten und mit Schusswaffen bekämpft werden. Dies wusste die deutsche Regierung und die Welt schon bevor sich China um die Ausrichtung der Olympiade beworben hat. Aber lieber die Augen schließen, denn es ist für die Unternehmen natürlich interessant dorthin abzuwandern. Keine Kosten, keine Rechtsgebote und keine hohen Steuern wie in Deutschland. Endlich keinen Betriebsrat, keine Umweltauflagen und keine Filteranlagen, stattdessen Subventionen vom Staat, geringe Besteuerung, geringe Lohnkosten und viele andere Vorteile für die Unternehmen. Gründe, weshalb die Verbundfertigung schon seit Jahrzehnten im Ausland stattfindet, wie beispielsweise die Teil-Produktion von VW in Brasilien und Südafrika.
Pünktlich nach der Olympiade: „Angesichts des Missbrauchs persönlicher Kundendaten der Telecom will Ex-Bundesinnenminister Wolfgang Schäuble Experten aus Politik und Wirtschaft zu einem Spitzengespräch einladen. Das Treffen werde nach Schäubles Rückkehr von den Olympischen Spielen stattfinden, kündigte ein Ministeriumssprecher an (lt. Tagesschau ARD). Sport gucken scheint Herrn Schäuble nach Aussage des

Sprechers also wichtiger zu sein, als Deutschland zu
regieren und im Land für Ordnung zu sorgen, was seine
primäre Aufgabe wäre. Das alles nur, um psychologisch
ein Solidaritätsgefühl bei den vielen Sport - Fans zu
erzeugen.
Da jeder GEZ Gebühren zahlen muss, hat man wohl auch
das Recht auf korrekte Informationen. Sind diese falsch
dargestellt, so ist das Einlegen von Rechtsmitteln doch
möglich, oder?

Es hieß nicht einmal Fußball EM 2008 sondern bewusst
EURO 2008.
Ein Psychologie Student lernt schon im Grund - Studium:
Der Proband soll begleitet/geleitet werden, um selber zum
gewünschten Ergebnis zu gelangen. Der gute Psychologe
gibt nur den Impuls vor. Der weniger gute Psychologe wird
hier von der Regierung übernommen, um die Bürger zu
manipulieren. Euro 2008 soll die Währung Euro positiv
darstellen, denn es hat absolut nichts mit der Fußball -
Europameisterschaft zu tun.

So wird mit EURO 2008 dem Unterbewusstsein positiver
Fußball suggeriert, also etwas eingegeben/implantiert, ohne
das es die Menschen, hier Fußballfans, in diesem Moment
merken. EURO 2008, der Euro, Fußball, Freude und
Spannung. Die Währung Euro soll positiv „besetzt"
werden. Diese Art nennen die Psychologen (aus der
Neurolinguistischen Programmierung) das Ankern.

Der andere psychologische Trick erfolgte in der
Halbzeitpause. Es werden für Minenopfer Spendengelder
gefordert/erbittet, was psychologischen Druck auf die
„Sehenden" ausübt. Der Einsatz von Kindern soll diesen
psychologischen Druck verstärken.
Es wird nicht erwähnt, dass die Rüstungsindustrie dadurch
Mrd. € erzielt und diese ursächlich dafür zur
Verantwortung gezogen werden sollten. Die

Rüstungskonzerne sollten hier eher spenden bzw.
Wiedergutmachung tätigen, als ein armer ausgebeuteter
Steuerzahler.
Über diese Wahrheit sollte eine Presse berichten, nicht die
Verschleierung mit psychologischem Druck provozieren.

Wir sehen, wer die Sender finanziert und wer hinter den
Sendern sitzt regiert die Sender und kann somit das Volk
manipulieren. Dies geschieht ohne Skrupel.

Der Fußballsport erreicht die Mehrheit der Bevölkerung.
Demzufolge lassen sich Politiker, um Bürgernähe zu
zeigen und Interessengleichheit vorzugaukeln auch im
Stadion nieder. Die Volksvertreter zeigen sich im
Fußballstadium, um Vertrauen der Wähler zu gewinnen.
Natürlich in der vom „normalen Volk" abgesicherten VIP
Lounge. Es erinnert mich dann immer an
Streitwagenkämpfe unter Julius Cäsar in der Arena Roms.
Die Mittelklasse durfte sich noch am Spektakel erfreuen,
die armen blieben fern ab. Genauso bei der Fußball WM
2010 in Südafrika. Viele Stadien waren nur zu 75%
ausgelastet, und die armen, welche beim Stadionbau
halfen, durften nicht ins Stadion.

Auch wenn die Volksvertreter keine großen Ambitionen
zum Fußball haben zeigen sie sich um psychologisch ein
Solidaritätsgefühl bei den vielen Fans zu erzeugen und auf
Wählerstimmenfang zu gehen.
Eine psychologische Analyse durch Soziologen und
Verhaltensforschern ist hier äußerst aufschlussreich.
Beobachten sie bitte selber Mimik, Gestik, Blick und
Körperhaltung der Politiker bei Sportveranstaltungen, sie
werden ihre wahre Freude haben. Von den lustigen
Bemerkungen nach dem Spiel ganz abgesehen.

Nein zu Rassismus! Zum Glück wird vor dem WM - Spiel
darauf hingewiesen, denn sonst wäre uns dies bei der

Zusammenstellung der Deutschen Nationalmannschaft gar
nicht aufgefallen.
Ich denke daher, dass der Appell wohl eher an die
westlichen Unternehmen in Afrika gerichtet war, um etwas
gegen die Ausbeutung der dortigen Bevölkerung zu
unternehmen. Die afrikanischen Sicherheitskräfte streikten
ja nicht umsonst zu diesem Zeitpunkt.

Der Fall Schiedsrichter H., der durch Spielmanipulation
und entsprechende Wetteinsätze Geld verdiente, ist kein
Einzelfall.

Es geht auch einfacher. Ein Trainer der Mittelklasse erhält
den Auftrag vom Vorstand, einen guten Spieler für
30.000,-€ zu erwerben. Er hatte die Wahl zwischen 3
Spielern. Der Trainer sah sich alle Spieler an, ob sie in das
„TEAM" passen und redete mit ihnen jeweils unter 4
Augen. Bei Abwerbung eines Spielers für 30.000,-€ aus
einen anderen Verein (untere LIGA), wollte der
erwerbende Trainer einen kleinen Obolus für sich haben.
Welcher Spieler gibt dem Trainer was vom Ablösegeld ab
und wie viel, um selber weiter zu kommen?

In höheren Ebenen sind es dann schon andere Dimensionen
des Spieler Wertigkeit. Hier geht es pro Spieler um 1,2
Mio.€ und mehr. Den möglichst aus dem Ausland. Unser
Hauptstadtverein Hertha BSC mit 16 Top Spielern schließt
mit Platz 4 ab und fliegt in der folgenden Saison 2010 raus.
Berlin hat mind. 40 Fußball-Vereine, München mind. 30,
Hamburg 30 und so weiter. Unseren Nachwuchs will
keiner. Keine Chance für über 150.000 sehr gute Kicker
aus Deutschland, die fast kostenlos zu haben sind. Diese
Kicker haben Bundesligaambitionen und würden bei
entsprechender Förderung leicht in der Nationalmannschaft
ihren Platz finden. Hier wird erst gar nicht im eigenem
Land gesucht, die Mio. müssen verschwendet werden.

Später kommen dann die Topmanager und erzählen den Fans, wir haben kein Geld. Was für ein tragischer Witz.

Beispiel Thomas Müller von Wacker Burghausen. Ein bis Dato nicht entdecktes Talent von Hunderten in Deutschland, der erst durch den Zufall des Spiels gegen Bayern München entdeckt wurde. Eine Behauptung, welche sich beim 1.FC Bayern München gegen Wacker Burghausen im Pokalspiel bestätigte. Selbst nach der Verlängerung noch ein Unentschieden. Millionenschwere Profis gegen sportliche Amateure. Nur durch kleine Investitionen für Deutsche Vereine wären eine spitzen Förderung der Jugend, mit Zukunftsperspektive möglich. Keine Millionen für Einzelspieler sondern für gute Vereine. Dies ist scheinbar nicht gewollt. Lieber für einen ausländischen Spieler 5Mio.€ zahlen anstatt für 90 super Fußballer aus Deutschland 1. Mio. € zu investieren. Wer in Geschichte aufgepasst hat weis warum, wie und wer diesen Grundstein gelegt hatte.

FC Bayern vs. Wacker Burghausen Aug 2007 - «Da steht einer im Tor, der hat einen Magnet im Handschuh», befürchtete Bayern-Manager Uli Hoeneß vor dem Elfmeterschießen im DFB-Pokalspiel. Da meinte er allerdings den Burghausener Torwart. Der FC Bayern München hat in der ersten Runde des DFB-Pokals nur knapp eine Blamage vermieden. Erst im Elfmeterschießen glückte der Sieg gegen den Regionalligisten Wacker Burghausen. Bei Ablauf der regulären Spielzeit hatte es 1:1 gestanden. Fünf Tage vor dem Bundesliga-Start standen die Amateure kurz vor einer Sensation gegen den Rekord-Pokalsieger.

Die für 70 Millionen Euro runderneuerten Bayern gingen gegen den Regionalligisten von Beginn an hochkonzentriert zu Werke und gaben einen vielversprechenden Vorgeschmack dessen, was die Fans in der kommenden Spielzeit erwarten durften. Doch der 13-malige Pokalsieger und frisch gekürte Ligacup-Champion scheiterte über 120 Minuten immer wieder am überragenden Wacker-Torhüter Manuel Riemann.

Doch als die Sensation in der Luft hing und die Burghauser Fans die ersten Hohngesänge in Richtung der Bayern-Anhänger anstimmten, rettete Klose die Gäste in die Verlängerung. Als diese torlos blieb, musste die Elfmeter-Lotterie die Entscheidung bringen. >>Natürlich ist es ärgerlich, wenn man am Ende einen Schuss vor dem Weiterkommen steht und dann doch ausscheidet. Aber ich bin stolz auf die Mannschaft, das wir so lange Paroli bieten konnten«, sagte Burghausens Trainer.<<

Teure 70 Mio. Euro Bayern - Spieler aus:

Ghana	Saba
Frankreich	Ribery und Sagnol
Brasilien	Lucio
Belgien	van Buyten
Argentinien	Sosa
Türkei	Altintop
Niederlande	van Bommel
Italien	Toni (wie schon Trainer Giovanni Trappa - Toni)
Österreich	Sikorski u.a.

Auf eine Aufstellung der Nationalmannschaft der EU, Weltliga oder Deutschlands verzichte ich hier. Da deutsche Immigrantenkinder die Nationalhymne nicht kennen, können sie auch nicht mitsingen. Erkennbare aus der PISA-Studie. Vom Benehmen ganz zu schweigen. Hauptsache die Mio.€ fließen. Fans sind nur für teure Eintrittskarten und Fanartikel dar und dürfen umsonst Stunden bei 36 Grad auf ihre falschen Idole warten. Auch hier sehen wir die schleichende Dekadenz. Währenddessen wir uns darüber ärgern und die Medien den Fall hervorheben,

werden im Hintergrund wieder Gesetze im Namen des
Volkes erlassen.

Diese Top Jungs spielen nicht mal jedes Spiel, sondern
sitzen oft auf der Reservebank oder sind krank. Streiten
sich wie kleine Kinder. Spieler die Millionen Kosten und
gerade mal 35 Spiele a 90 Min. eingesetzt werden. Dies
sind 53 Std. in 2 Jahren! Für ca. 5 Mio. € pro Spieler.

Sie arbeiten pro Woche 40 Std. (in 2 Jahren also 2 Jahre x
48 W. (Urlaub abziehen) x 40 Std. = 3.840Std. und müssen
sich zusätzlich 8 Std./Woche auf die Arbeit vorbereiten.
Diese 8 Std./Woche sind für die Spieler Trainingszeit
(Spaß am Sport). Fast 40% der kroatischen
Nationalmannschaft spielen in der Deutschen Bundesliga
und warum? Eine Entscheidung der Lobbyisten?

Was wirklich gemacht wird, wird schön verdeckt und hat
keinen zu interessieren. Bis mal wieder eine
Korruptionsaffäre aufsteigt.

UEFA-Pokal: Manipulationsverdacht beim Bayern-Spiel.
Madrid (dpa) - Die spanische Justiz ermittelt wegen des
Verdachts, dass beim Halbfinale-Aus des FC Bayern
München im UEFA-Pokal gegen den späteren Champion
Zenit St. Petersburg (1:1/0:4) im Mai Bestechung im Spiel
gewesen sein könnte. Die Anzeigentafel im Halbfinal-
Rückspiel Zenit St. Petersburg - FC Bayern München zeigt
4:0 an.

Eine Sprecherin des Nationalen Gerichtshofs bestätigte der
Deutschen Presse Agentur dpa in Madrid, dass ein
Ermittlungsverfahren eingeleitet worden sei. Das Gericht
dürfe aber zu laufenden Ermittlungen keine Einzelheiten
bekannt geben!?! Die Madrider Zeitungen «El País» und
«ABC» berichteten in ihren Ausgaben, der Verdacht der
spanischen Justiz stütze sich auf abgehörte

Telefongespräche von russischen Mafia-Bossen in Spanien. Der Chef eines einflussreichen kriminellen Unternehmens soll sich in einem Gespräch mit einem Kollegen gerühmt haben, den Erfolg von Zenit im Halbfinale «für 50 Millionen» gekauft zu haben. Die Währung sei dabei nicht genannt worden. Der mutmaßliche Mafia-Boss war im Frühjahr in Spanien festgenommen worden. Die Medien in Deutschland schwiegen, es steht ihnen ja auch frei, zu berichten was sie wollen, oder was sie von höherer Stelle an Genehmigungen erhalten, wozu wir noch kommen werden. Laut spanischer Medien habe der spanische Untersuchungsrichter Baltasar Garzón die Deutsche Staatsanwaltschaft von den Ermittlungen unterrichtet. Bei der Münchner Staatsanwaltschaft war davon nichts bekannt.

Hat die Staatsanwaltschaft hier kein Interesse der Verfolgung? Oder möchte man die Fußballfans nicht enttäuschen, was für eine wahre Show sie für ihre 25,00 € Karte erhalten haben. Der FC Bayern konnte auf Anfrage zu diesen Vorgängen zunächst nichts sagen. Das 0:4 am 12. Mai bei Zenit St. Petersburg war die höchste Münchner Niederlage im Europapokal seit 31 Jahren. Warum fällt mir da Herr Schiedsrichter H. ein?

Interessant wäre es doch zu wissen, wer sich hier hat „schmieren“ lassen, um die entsprechenden Konsequenzen zu ziehen. Schauen sie sich das Spiel mal aus dieser Perspektive genau an – wirklich spannend.

Auch vor der Formel 1 machen unsere Macher nicht halt. Absprachen im Team, wer soll als erster durchs Ziel kommen, oder wer soll einen Unfall provozieren, damit eine Pacecarphase ein Zusammenrücken des Feldes, und somit neue Chancen ermöglicht sind nur kleine strategische Manipulationen, die den Sport zerstören. Dies geschieht,

seit dem finanzielle Interessen in den Vordergrund
rutschten. Was ist da noch Sport und Wettkampf?

Zurück zu Olympia 2008 in China. Ein offizieller
Höhepunkt der Manipulationen fand dort zur Eröffnung der
Olympischen Spiele in Peking statt. Das Wetter musste zur
Eröffnung der Spiele schön sein, da 90.000 Zuschauer und
Sportler sowie mehrere Mio. Fernsehzuschauer auf der
ganzen Welt die schönen Bilder genießen sollten.
Die Beeinflussung funktionierte über Raketen, welche mit
Silberjodid bestückt sind. Sie sorgen dafür, das die Wolken
abregnen und die Sonne lacht.

Bereits im Vietnamkrieg wurde das Wetter manipuliert.
Ziel war damals den Nachschub über den Ho-Tschi-Minh-
Pfad zu stören. Trotz UNO-Konvention, die es untersagt,
das Wetter militärisch zu nutzen, geraten Militärs immer
wieder unter Verdacht hier zu manipulieren. Bereits in über
20 Ländern wird im zivilen Bereich teilweise sehr
erfolgreich Regen oder Hagel abgewendet, beispielsweise
um die Erntegebiete vorab zu schützen.

High Frequency Active Auroral Research Program kurz
H.A.A.R.P., ist eine Forschungseinrichtung, bei dem
hochfrequente elektromagnetische Wellen eingesetzt
werden. Es gibt fünf große „Forschungsstätten“. Zwei in
Alaska, eine in Russland, eine in Europa und eine in Puerto
Rico. Alle zusammen können das Wetter auf der Erde
verändern.
Dieses Forschungsprojekt ist eine Weiterentwicklung aus
dem Projekt MK-Ultra.
Mit der H.A.A.R.P. Anlage können sogenannte elf –
Wellen (extreme low frequency) erzeugt werden, die mit
3,6 Mio. Watt zielgerichtet auf bestimmte Erdtcile
gesendet werden. Da H.A.A.R.P. die Ionosphäre als
Spiegel benutzt, kann es prinzipiell jeden Punkt der Erde
erreichen. Ohne Vorbeben können hierdurch Erdbeben,
Tsunamies und Stürme gezielt hervorgerufen und gesteuert

werden. Meist sind vorab merkwürdige Wetterleuchten zu
sehen. Die Funktion ist ähnlich eines großen
Mikrowellenherdes.

Neben territorialen Manipulationen sind auch auf Mensch
und Tier gesundheitliche Auswirkungen vorhanden.
H.A.A.R.P. zur Reduzierung der Überbevölkerung?

Um also an bestimmte Gebiete und deren Rohstoffe zu
gelangen, wäre es theoretisch möglich, ein Erdbeben
hervorzurufen, um dann über Hilfsmaßnahmen und den
Einsatz vorübergehender Katastrophenregierungen das
Land zu annektieren.
Auch die Möglichkeit an genauen Schwachstellen der
Meeresplatten für ein gezieltes Verschieben zu sorgen,
kann einen Tsunamie auslösen, der auf eine gewünschte
Küste zuläuft. Der strategische Einsatz zur Kriegsführung
ist dabei natürlich nicht im Vordergrund.

Komisch, aber 70% der deutschen Bevölkerung denken
immer noch Wetter- und Sportmanipulation wäre eine
haltlose Theorie.

Steuerungsinstrumente der Volkswirtschaft

Die Vorbildfunktion Deutschlands in punkto „made in
germany“ ist Vergangenheit und vorbei. Das
Bruttoinlandsprodukt (BIP) ist stark Rückläufig, und das
nicht erst seit kurzem. Die Weichen wurden von unserer
Regierung verschlafen bzw. bewusst vergessen zu stellen.

Die klaren Anzeichen von Konkursen und verschönten
Arbeitslosenzahlen, Produktionsstättenverlagerung der
Unternehmen ins Ausland sowie immer mehr zu „Dumping
Löhnen“ arbeitende Immigranten zeigen ihre Auswirkung.
Der Qualitätsverlust ist zum Teil auf Billigkräfte ohne

hohe Qualifikation zurückzuführen. Unternehmen welche diese Kräfte bevorzugt einstellten sind Initiatoren des Qualitätsverlustes. Der deutsche Facharbeiter wurde als überqualifiziert und zu teuer überflüssig.

Keine deutsche Wertarbeit mehr. Rückgang von Arbeitsplätzen und Zufuhr von Immigranten. Eine durch die Regierung gesteuerte Vorgehensweise, deren Ziel der derzeitige desolate Zustand ist. Regierung und Wirtschaftsführung haben schlichtweg versagt.

Was ist das BIP?

Das BIP ist der Wert aller Güter und Dienstleistungen, die in einem Jahr innerhalb der Landesgrenzen einer Volkswirtschaft erwirtschaftet werden. Das BIP Deutschlands beinhaltet damit auch die Leistungen der Ausländer, die innerhalb unseres Landes arbeiten, während die Leistungen der Inländer, die im Ausland arbeiten, nicht berücksichtigt werden. Letztere sind Arbeiter in Polen oder Frankreich, welche in Deutschland beheimatet sind, sogenannte Grenzgänger.

Dieses BIP ist in allen EU – Staaten unterschiedlich. Nach der Höhe des BIP richtet sich auch die **Geldmenge** eines Landes. Hier soll ein möglichst ausgeglichenes Verhältnis vorherrschen.
Die Deutsche **Bundesbank** unterscheidet drei Begriffe, die mit M1,M2 und M3 bezeichnet werden (M = engl. money). M1 beinhaltet alle jederzeit greifbaren Zahlungsmittelbestände der Wirtschaftssubjekte, das sind der Bargeldumlauf und die Sichteinlagen bei den privaten Geldinstituten. Hierzu gehören aber nicht die Einlagen der öffentlichen Haushalte bei der Bundesbank. Zu M2 gelangt man, wenn man zum Bargeldumlauf und den Sichteinlagen auch die Termingelder bis zu zwei Jahren hinzuzählt.

Werden zu M2 auch die Spareinlagen mit gesetzlicher
Kündigungsfrist miteinbezogen, sowie
Schuldverschreibungen bis zu 4 Jahren, so erhält man die
Geldmenge M3.
Eine Regulation erfolgt über den Marktzinssatz, der von
der Bundesbank vorgegeben wird.

Oberstes Ziel aller Tätigkeiten der Bundesbank ist die
Stabilität des allgemeinen Finanz- und Preisniveaus zu
sichern. Hierfür sind gründliche Analysen, eine langfristige
Orientierung und Neutralität gegenüber Einzelinteressen
unabdingbar. In ihrer Stabilitätspolitik ist die Bundesbank
auch auf die Unterstützung durch die Wirtschafts-, Finanz-
und Lohnpolitik angewiesen.

Die Teilnahme am Eurosystem, das Zusammenwachsen
der internationalen Finanzmärkte und die Innovationen im
Zahlungsverkehrs- und Finanzbereich stellen die
Stabilitätspolitik der Bundesbank vor neue
Herausforderungen. Dies bedeutet eine starke
Zusammenarbeit mit der Europäischen Zentralbank.

Einfach dargestellt heißt das folgendes: Geben die
Menschen ihr Einkommen nicht aus, sondern sparen es, so
wird das Spargeld erstmals nicht nachfragewirksam. Es
„liegt" ja auf der Bank, was bei hohen Zinssätzen für
Spargelder sicher der Fall ist. Durch Zinssenkung wird das
Sparen unattraktiv, man gibt das Geld lieber aus. Das Geld
wird somit nachfragewirksam. Für Unternehmer ist neben
dem Absatz von Waren die Kreditvergabe interessant. Bei
niedrigem Zinssatz bekommen sie günstige Kredite zur
Expansion ihres Unternehmens. Dies sorgt für
Arbeitsplätze und Produktionserweiterung, also mehr
Waren für den Markt.

Damit also kein Geld durch den Sparstrumpf unter dem
Kopfkissen der Nachfrage entzogen wird, bräuchte nur die

Möglichkeit der EC - Kartenzahlung außer Kraft gesetzt zu werden. Die Bürger müssten dann zum Einkauf auf ihre Spargelder, welche sie zu Hause aufbewahren, zurück greifen. Als Summe wären dies bei ungefähr 20 Mio. Menschen und einem Einkauf von Lebensmitteln zum Wochenende von 50,-€ ca. 1.000.000.000,-€, sprich 1 Mrd,-€. Bargeld wird mehr und mehr zum kontrollierten Plastik- und Elektronikgeld.

Nach dem Stabilitätsgesetz ist von der Regierung die **Stabilität des Preisniveaus**, hoher **Beschäftigungsstand** und **außenwirtschaftliches Gleichgewicht** bei stetigem und **angemessenem Wirtschaftswachstum** zu sichern. Die **soziale Gerechtigkeit** und der **Schutz der Umwelt** sollen gewährleistet werden. Wir schauen uns die Grundlagen einmal an.

Eine **Stabilität des Preisniveaus** ist demnach bereits erreicht, wenn der Durchschnitt der Preise, gemessen am Preisindex für Lebenshaltung, jährlich höchstens um 2% steigt. Hier spielt der bekannte Warenkorb eine große Rolle, der als Indikator für die Inflation gilt. Ist mehr Geld im Umlauf als Waren vorhanden sind, so wird der Preis für Waren steigen. Ein inflationäres Brot für 500,-€ und mehr. Das Geld verliert an Wert. Eine Geldentwertung, wo Gold, Silber oder Zigaretten gern als Tauschwaren akzeptiert werden, aber kein Geld mehr.

Die Regierung ist nicht an einer hohen Inflationsrate interessiert, weshalb sie festlegt, welche Waren in den **Warenkorb** zur Ermittlung des Preisindex für Lebenshaltung gehören. In den Warenkorb gehören 750 Produkte der Lebenshaltung. Diese werden über Jahre in ihrer Preisentwicklung berechnet. Nach Jahren werden dann Produkte gewechselt, herausgenommen oder hinzugefügt. Eine Manipulation ohne Worte. Der Wärenkorb enthält also Warenpositionen, welche von

Mitarbeitern des Statistischen Bundesamtes in Auftrag der
Bundesregierung ausgewählt werden. Unter diesen
Produkten befanden sich schon Haarschneidemaschinen für
Hunde, Uhrenreinigung und andere lustige Dinge. Ein
negativer Nebeneffekt ist dabei, das der Index wegen der
Vergleichlichkeit über mehrere Jahre bestehen bleibt.

Haben wir zum Beispiel in 2004 (in €) in unserem
Warenkorb einen PC für 1500,-, ein Handy für 400,-,
Nahrungsmittel für 150,-, Kleidung und Schuhe 150,-,
Gesundheit und Körperpflege 150,-, Bildungswesen und
Kultur 150,-, Energiekosten 200,-, Kommunikation 100,-,
wird hier mit 2.800,-€ die Basis 100 geschaffen.

Prozent heißt von hundert. Nun fallen in 2005 die PC
Preise um 5% auf 1425,-, und Handy 10% auf 360,-, die
Nahrungsmittel steigen um 10% auf 165,-, Kleidung steigt
um 20% auf 180,-, Gesundheit steigt um 20% auf 180,-,
Bildungswesen steigt um 10% auf 165,-, Energiekosten
steigen um 20% auf 240,-, Kommunikation bleibt gleich
100,-.

Die Summe in 2005 beträgt 2815,-€. Eine Steigerung des
Preisindex von 0,53 % von 2004 zu 2005 wurde somit
realisiert, besser gesagt manipuliert.

Die merkbare Inflation ist für alltägliche Produkte stärker
im Preisindex vorhanden, als die gewünschte
Vorgegaukelte. In der Realität steigen Wurst, Milch, Käse,
Gemüse und Obst um fast 10% pro Jahr. Die Kürzung von
sozialen Leistungen (psychologisch positiv mit dem Wort
Reform bezeichnet), wie Praxisgebühr,
Medikamentenzuzahlung, Beitragserhöhungen,
Zahnersatzeigenleistung kommen noch erschwerend hinzu.

Einen PC und Handy kauft man für einen längeren
Zeitraum. Das Herausnahmen von Produkten und das

Einführen neuer Produkte lässt der Manipulation Tür und Tor offen.

Auch das ermitteln der Durchschnittspreise ist ungenau. Bioprodukte sind teurer und können sich nur wenige der Bevölkerung leisten, was ebenfalls zur Indexverschiebung führt. Eine nach der Bevölkerungsschicht prozentuale Typvorgabe ergäbe einen völlig anderen Index. Derzeitige Untersuchungen gehen von einem ca. dreifachen realen Preisindex aus.
Nennt sich das soziale Gerechtigkeit?

Da dieser Preisindex auch als Basis für gewerkschaftliche Auseinandersetzungen bei Lohnsteigerungsverhandlungen dient, sieht man, wie der Arbeitnehmer und seine Vertreter hier böswillig hintergangen werden. Die effektiven Forderungen der Gewerkschaften müssten bei effektiver Lohn-Preisspirale demnach nicht unter 5% pro Jahr liegen, da sonst eine schnellere Verarmung bzw. eine Zwei-Klassengesellschaft vorprogrammiert ist. Ganz abgesehen von dem Eigentor der weniger klugen Unternehmer, denn wenn kein Geld zur Ausgabe vorhanden ist, führen fehlende Einkäufe zum Konkurs.

Die Preisentwicklung

Immer wieder höre ich, das die Leute noch € in DM umrechnen. Das dies nicht mehr zeitgerecht ist, wird hier an einem Beispiel aufgezeigt.

Vorab sei erwähnt, dass auch von 1991 bis 2001 und vorher bereits die DM – Preise jährlich anstiegen. Selbstverständlich wurde der Wechsel zum Euro in den ersten Jahren (bis 2003) von einigen Betrieben zur verdeckten Preiserhöhung genutzt. Diese hatten aber nur

kurzzeitig erhöhte Einnahmen, da sie sich gegen ihre
Wettbewerber im Rückstand sehen mussten, die sich an
genaue Preisumrechnungen hielten und damit günstiger
waren (beispielsweise Restaurants).

Der Wechselkursfaktor von DM zu € betrug in 2001 –
1,95583.
Beide Werte wurden seinerzeit auf Rechnungen
ausgewiesen.

Das Beispiel zeigt den „normalen" Preisanstieg im
Zeitverlauf bei jährlich linearen 7%.
Schwankungen in der Inflationsquote bleiben zur besseren
Erklärung unberücksichtigt.

Effektive Preissteigerung der Güter zur Lebenshaltung ca.
7%.

1994: 585 DM
1995: 625 DM
1996: 670 DM
1997: 715 DM
1998: 765 DM
1999: 817 DM
2000: 875 DM
2001: 935 DM =   478 €
2002: 1000 DM =   511 €
2003: (+7% p.a.)=   547
2004   585
2005   626
2006   670
2007   717
2008   767
2009   821
2010   878
2011   939
2012   1005

10 Jahre bedeuten somit eine fast 100% Preissteigerung, die auch durch den Zinseszins – Effekt hervorgerufen wird. 1005,- € * 1,95583 (Umrechnungsfaktor)= 1965 DM hieraus folgt, dass ein Einkommen von 2000,-DM aus dem Jahr 2001 nun bei knapp 3800DM liegen würde, was einem derzeitigen Äquivalent von DM = € entspricht.

Hoher **Beschäftigungsstand** ist erreicht, wenn das Risiko der Arbeitslosigkeit und Kurzarbeit gering ist, die Einkünfte „zufriedenstellend" sind - wie bei unseren Volksvertretern - und jeder nach seinen Fähigkeiten eingesetzt werden kann. Wie die Zahlen hier durch Abänderungen in der Datenerfassung geschönt wurden haben wir bereits erörtert. Die Regierung spricht nur noch von Statistiken und Prozenten, nicht über die Menschen selbst.

Das **außenwirtschaftliche Gleichgewicht** ist kurzfristig bei einem Außenbeitrag von 2% des BIP, langfristig bei einem Ausgleich der Zahlungseingänge aus dem Ausland (durch Exporte) und der Zahlungsausgänge ans Ausland (durch Importe) ausgeglichen. Die Erlöse der Exporte sollen die Kosten der Importe decken.

Eine schwierige Aufgabe, da die Rohstoffpreise starken Schwankungen unterliegen. Zusätzlich spielt der Wechselkurs eine wichtige Rolle. Haben wir beispielsweise für den zukünftigen Export zuviel produziert (hohes BIP und Wirtschaftswachstum) und der Wechselkurs liegt bei 1,30 $ zu 1,00€, so bleiben wir auf unseren zuviel produzierten Waren sitzen. Wir sind dann z.B. für die USA zu teuer. Dies kann auch einen größeren Umfang haben, wenn es nicht nur die USA sondern den Weltmarkt betrifft.

Sofern nun der eigene Landesbedarf grundlegend gedeckt ist, werden die Hersteller ihre Waren nicht los. Eine

beginnende Deflation hatten wir bereits seit 2007. Steigt
die angebotene Gütermenge einer Volkswirtschaft
schneller als die Geldmenge, so steht jedem angebotenem
Gut eine geringere Geldeinheit gegenüber. Der Konsument
erhält dann mehr Güter für weniger Geld. Dies ist die
Deflation.

Die Unternehmen zahlen Einkommen, die Preise fallen, die
Produkte geben keine Gewinne mehr und der Konkurs ist
vorprogrammiert. Der Markt ist gesättigt. Die Konsequenz
ist Ideen für den Absatz zu entwickeln, oder neue Märkte
zu erschließen.

So die Abwrackprämie in 2009, bei welcher die ohnehin
schon starkverschuldete Regierung zusätzlich Kredite
nimmt, um diese Fahrzeuge zu „subventionieren". Der
Bürger muss für diese zusätzlichen Kredite/Schulden der
Regierung bürgen, das heißt, das der Staatsbürger selber
dies solidarisch zurückzahlen muss, wird verwischt.
Zumindest wurde den Herstellern der Insolvenzdruck
kurzzeitig genommen, besser gesagt bewusst verschoben,
denn wer sollte die Insolvenzware in Mrd. Höhe später
kaufen.

Die Regierung erhält ebenfalls Liquidität durch
Unternehmens- und Umsatzsteuer Zahlungen. Das Problem
wurde somit clever auf die Händler und den Konsumenten
abgewälzt bzw. verschoben. Die guten Gebrauchtwagen
blieben stehen und verloren weiter an Wert. Mit
zukünftiger Verkleinerung der Unternehmen und
Schießungen ist nicht nur in der Automobilindustrie zu
rechnen. Zulieferer und andere Branchen werden durch den
Sog ebenfalls mitgezogen.

Ein schlechteres Konjunkturpaket für unsere
Volkswirtschaft, als die damaligen Weihnachtspakete des
Westens in die DDR.

Ein Anstreben von **exponentiell ansteigendem Wachstum**
ist unrealistisch, da die Bevölkerungsdichte schneller
wächst als Rohstoffe und Nahrungsmittel gefördert und
angebaut werden können.
Die Umweltprobleme beschleunigen die Krisen, welche
durch Tsunamie, Waldsterben, Ozonloch, schwere
Erdbeben und Vulkanausbrüche für weitere Anbau- und
Wirtschaftsprobleme sorgen.
Der wirtschaftliche Wohlstand wird daher schneller fallen,
als wir uns denken. Zusätzliche Krisenpunkte wie Krieg,
Dürren, Krankheiten sorgen für eine Reduzierung der
Menschheit, Vernichtung von alten Produktionen wie
Fabriken, Kriegsmaschinerie, Häusern, Infrastruktur,
Menschen, usw.. Der Wiederaufbau führt dann zum
Wirtschaftsaufschwung. Die neuen Maschinen sorgen für
einen Wettbewerbsvorteil gegenüber anderen Ländern. Das
pro Kopf Einkommen steigt zwangsläufig. Der Export
steigt und es kommt zu einem volkswirtschaftlichen
Gewinn. Die Geschichte zeigte uns dies bereits nach dem
Krieg im Jahre 1945. Der Aufbau sorgte für einen
Aufschwung der Wirtschaft. Die deutsche Wirtschaft
könnte nach derzeitigen empirischen Untersuchungen mit
50% der Bevölkerung ein Wirtschaftswachstum erreichen.
Eine Aussage die Fragen in die Notwendigkeit der alten
Menschen stellt, welche normalerweise Rente erhalten
sollen. Fragen in die Notwendigkeit der
Arbeitnehmerzahlen und den Einsatz von Menschen in
Kriegsgebieten aufkommen lässt.

Meine Sorge dient dem künstlichen Einsatz und der
Provokation der erwähnten Negativfaktoren durch die
Machthabenden, die hier leider steuern können.

Das Verhältnis der Zahlungsströme lässt sich aus der
Zahlungsbilanz ablesen. Die **Leistungsbilanz** wird
unterteilt in Handelsbilanz, Dienstleistungsbilanz,
Einkommen und Vermögen, Salden der laufenden
Übertragungen (hierunter fallen Zahlungen an

Organisationen wie beispielsweise UNO, EU und
Weltbank), die Vermögensübertragungsbilanz und die
ebenfalls interessante Kapitalbilanz. Hier werden die
Forderungen und Verbindlichkeiten der verschiedenen
Länder festgehalten. Auch hier sollten die
Verbindlichkeiten und die Forderungen ausgeglichen sein.
Brechen nun Forderungen Deutschlands gegenüber
Griechenland, Portugal, Italien und Anderen weg, so
landen wir ebenfalls in dem Sog.
Da unsere Forderungen nicht als Einnahmen eingehen, also
fehlen, können auch unsere Verbindlichkeiten gegenüber
Anderen nicht fließen. Dies zieht wiederum die anderen
Länder, welche von Deutschland Forderungen haben, ins
Verderben. Der Sog stellt jedoch nur eine Beschleunigung
dar, denn 1.600 Mrd. € Schulden der Regierung lassen sich
nicht mehr zurück zahlen. Das Ziel, möglichst noch
Liquidität zu erhalten ist meist der letzte Strohhalm vor
dem Konkursverfahren.
In diesem Fall der Staatsbankrott oder besser
Regierungsbankrott. Dies ist auch der Grund, warum viele
Unternehmen schon an ausländische Investoren verkauft
werden, die mit wuchernden Rückkaufsummen von bis zu
300% belegt sind und bei derzeitiger Entwicklung gar nicht
zurückgekauft werden können.
Da alle „Reichen Länder" (in USA, Japan, EU, Asean)
stark bei den Banken bzw. bei der Weltbank verschuldet
sind, ist jedem klar, was die Gläubiger an Ländereien
erhalten. Die Gläubiger, oder besser gesagt die Hochfinanz
hat dann ihr Ziel erreicht.

Hierzu sei das Grundgesetz die Artikel 14 Abs. 3 und 15
erwähnt.
Artikel 14
(1) Das Eigentum und das Erbrecht werden gewährleistet.
Inhalt und Schranken werden durch die Gesetze bestimmt.

(2) Eigentum verpflichtet. Sein Gebrauch soll zugleich
dem Wohle der Allgemeinheit dienen.

(3) Eine Enteignung ist nur zum Wohle der Allgemeinheit
zulässig. Sie darf nur durch Gesetz oder auf Grund eines
Gesetzes erfolgen, das Art und Ausmaß der Entschädigung
regelt. Die Entschädigung ist unter gerechter Abwägung
der Interessen der Allgemeinheit und der Beteiligten zu
bestimmen. Wegen der Höhe der Entschädigung steht im
Streitfalle der Rechtsweg vor den ordentlichen Gerichten
offen.

Artikel 15
Grund und Boden, Naturschätze und Produktionsmittel
können zum Zwecke der Vergesellschaftung durch ein
Gesetz, das Art und Ausmaß der Entschädigung regelt, in
Gemeineigentum oder in andere Formen der
Gemeinwirtschaft überführt werden.

Alles verfällt an die Regierung, die damit ihre Schulden
auf Kosten der Staatsbürger und deren ehemaliges
Eigentum gegenüber den Gläubigern tilgt. Wie soll eine
Entschädigung in einer Inflation oder bei einer neuen
Währungsreform aussehen? Ist in GG Artikel 14 Abs. 1
nicht von Enteignung die Rede?

Die Verteilung und **soziale Gerechtigkeit** wurde ebenfalls
in die grundsätzlichen Ziele der Wirtschaftspolitik
aufgenommen. Danach soll der Lebensstandard des
Menschen nicht nur von der Leistungsfähigkeit abhängen.
Es sollen hohe Einkommen und Erträge auf
leistungsschwache Bürger umverteilt werden. Dies wäre
der Fall, wenn beispielsweise die Steuerprogression bis
2000,-€ brutto/M. frei wäre und die Einkommensstarken ab
8.000,-€/M. mit 45% besteuert und ab 10.000,-€/M. mit
50% besteuert werden, oder Regierungsgehälter reduziert
würden, um ALG 2 Familien das Elterngeld zu erhöhen,
denn auch vor Kindern macht eine Preissteigerung nicht
halt. Dies wäre soziale Gerechtigkeit, die leider nicht
vorhanden ist.

Der **Umweltschutz** als wirtschaftspolitisches Ziel soll
bewirken, dass die natürlichen Lebensgrundlagen auch für
zukünftige Generationen erhalten bleiben und nicht zerstört
werden. Sind diese Interessen der Zukunft für kinderlose
und skrupellose Amtsträger relevant?
Bei der durch die Regierung provozierte Ausreizung der
Bodenressourcen frage ich mich, ob man dieses Ziel als
Placebo ergänzt hat. Bauern bekommen am EU-
Agrarmarkt für den Verkauf ihrer meisten Erzeugnisse
garantierte Abnahmepreise.
Dies führt zur Überproduktion, da garantierte Preise für
entsprechende Mengen gezahlt werden. Entweder um die
Gewinne zu erhöhen, oder um überhaupt überleben zu
können. Egal, ob Tomaten, Butterberg, Milch, Kilopreise
für Fleisch usw..

Die katastrophalen Folgen durch den Einsatz von
künstlichen Düngemitteln und Maststeroiden führen zur
Ausreizung des Bodens. Sie schädigen die Ressourcen der
Zukunft für unsere folgenden Generationen. Was jetzt
zuviel aus dem Boden geholt wird, fehlt späteren
Generationen.
Angebot und Nachfrage regulieren den Preis. Bei vielen
Produkten fällt der Preis. Um die Preise zu halten wird
dann der überhöhte Anteil vernichtet, während immer noch
Mio. Menschen auf der Welt verhungern.
Und nach ihrem Abendessen hören sie dann den Aufruf
unserer Medien – Bitte spenden sie für hungernde Kinder
in Afrika. Perfektes psychologisches timing der
„Medianten".

Die spielen die unsachlichen Vorgaben gleich weiter.
Unsere arme Umwelt, dabei haben wir doch kaum
Atombombenversuche durchgeführt, also muss mal wieder
ein Schuldiger gefunden werden. Das **Kohlendioxid**
(CO_2).

Das uns allen aus der Schule hoch bekannte und
lebensnotwendige CO2.
In den Blättern befindet sich Chlorophyll. Es ist dafür
verantwortlich, dass die Blätter aus dem Kohlendioxid
(CO2) der Luft eine Umwandlung durchführen können um
Sauerstoff zu erzeugen. Dieser ist lebensnotwendig für
Menschen. Ohne Kohlendioxid wäre ein Leben auf der
Erde unmöglich, da die Sauerstofferzeugung blockiert
wäre. Wollen das etwa die Regierenden, oder deren
Auftraggeber?

Hier die natürliche Kurve im Zeitverlauf von 400.000
Jahren. Die obere Kurve zeigt die Temperatur-, die untere
Kurve die CO2 Entwicklung

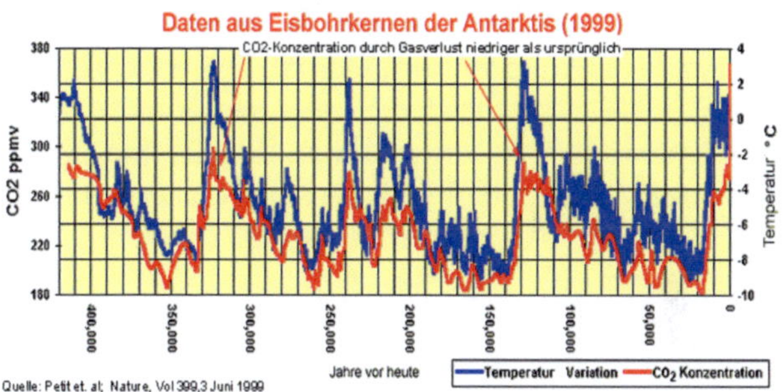

Beispiel Nr. 1 die für die Gültigkeit der Treibhaustheorie
des IPCC sehr entlarvende Eisbohrkernmessung Vostoc;
Antarktis; Petit et al.

Alle ca. 110 tausend Jahre zyklische Erwärmung; die
Temperaturkurve folgt bzw. kommt vor bei den Anstiegen
der CO2-Kurve. Ein Entgegenwirken durch Anbau von
Wäldern anstatt Abholzung wäre eher fortschrittlich, als
unsachliche Diskussionen.

Der Anteil von CO2 in der Luft beträgt 0,03%. Auf 10.000 Anteile Luft kommen 3 Anteile Kohlendioxid. Über 96,5% des CO2 stammen aus natürlichen Quellen, ohne menschlichen Einfluss. (Wissenschaft, Raum und Zeit. Aug.2007)

Fazit: In den letzten 400 000 Jahren folgte die CO2-Konzentration der Temperaturkurve um mehrere 100 Jahre nach. Das hochgespielte Thema hat demnach andere Gründe.

Die Marionettenspieler

Kennt man die Hintergründe, wird einem das widersprüchliche Verhalten der Politiker klar. Die Bilderberger sind eine elitäre Gruppe der Hochfinanz, die sich nach dem Bilderberg - Hotel – benannt hat, welches in Oosterbeek/Niederlanden zu finden ist. Das erste Treffen fand dort erstmals im Mai 1954, unter dem Vorsitz von Prinz Bernhard der Niederlande statt. Ihre Treffen sind immer ohne vorherige Öffentlichkeitsinformation. In 2005 war es in Bayern – Tegernsee/Deutschland, 2006 Ottawa/Kanada, 2007 Konstantinopel bzw. Istanbul/Türkei, 2008 Chantilly/USA, 2009 Griechenland bei Athen, 3.-6. Juni 2010 Spanien bei Barcelona, jeweils zur Jahresmitte.

Das Ziel dieser Gruppe ist die Neue Welt Ordnung und damit eine steuerbare Weltherrschaft. Diese Ziele wurden im Bundesstaat Georgia in meterhohe Steintafeln gemeißelt. Die berühmten Georgia Guidestones. Georges Orwells Buch „1984" wurde im Jahre 1948 geschrieben. Er hatte Kontakt zur Gründergruppe. Sie wollen die Macht über Rohstoffe und Territorium sowie die Macht über die Menschen und eine gezielte Reduzierung der Menschheit auf 500 Mio. Menschen, auf Grund natürlich sinkende

Nahrungsvorkommen. Sie treffen strategische
Entscheidungen und agieren im großen Rahmen.

Beispielsweise welche Politiker für Ihre Interessen
einzusetzen sind. Wer wird Chef der Banken, wie hoch soll
die Arbeitslosigkeit sein, wer wird Präsident, wann findet
die Wirtschaftskrise offiziell statt, wie soll das
Bildungswesen sukzessiv beschnitten werden,
Urlaubsverbote, Fingerabdrücke, Chip-Implantate (RFID),
Geldkarten, Tankkarten, Zwangsimpfungen, Internet IP-
Adresse, GPS, Handyortung, Vorratsdatenspeicher,
Bahnhofskameras bis hin zur totalen Kontrolle der
Weltbevölkerung. Die „Neue Weltordnung (NWO)" zur
Kontrolle der Menschenmenge. Nahrungsmittel und
Rohstoffe sind nicht ausreichend für die Bevölkerung.
Keine Souveränität der einzelnen Länder. Die UNO als
Weltarmee zur Kontrolle/Übernahme der Länder
(Rohstoffe, Boden, Kontrolle). Die USA hat vier große
Militärsatelliten im All, Magnum, Votex, Orion und
Mentor. Wozu wohl? Ihre Spannweiten verdecken ein
viertel der Erde.

Gezielter Einsatz der Medien mit Ablenkungsmanövern an
die Bevölkerung, um eine Revolution zu vermeiden.
Fadenscheinige Argumente und undurchsichtige
„Kurzlösungen", um die Bürger zu beruhigen.
Zum Beispiel die Abwrackprämie – Nicht vorhandene
Finanzen werden an diejenigen verteilt, welche es in den
Folgejahren wieder zurückzahlen müssen. Den
Steuerzahler, welcher sich gerade mal einen Kleinwagen
kaufen kann, vermutlich um seine Kinder zur Schule zu
bringen und zur Arbeit zu kommen. Eine klare
Augenwischerei. Wer sich ein 30.000,-€ Fahrzeug oder
teurer kauft, wird vorher nicht einen 10 Jahre alten
abwrackfähigen Altwagen gefahren haben.

Die Zielgruppe war also zu 90% die Unter- und
Mittelschicht der Bevölkerung. Einen Profit hatten nur die

Hersteller, welche schon lange auf den zuviel produzierten Fahrzeugen saßen. Das Bruttoinlandsprodukt musste ja permanent wachsen. Irgendwann ist auch die größte Eiche ausgewachsen und fällt um, alles eine Frage der Zeit.

Die Händler blieben durch den neuen Kleinwagenkauf auf ihren jungen Gebrauchtwagen sitzen, die durch Zeitverlust und Zinsen für weitere Verluste sorgen. Ein weiterer Grund, warum einige Händler künftig auf der Insolvenzstrecke liegen bleiben. Mit ihnen dann die Mitarbeiter. Wieder ein Schritt Richtung Zweiklassengesellschaft.

Deutschland ist mit 1,6 Billionen verschuldet. Dies sind 1.600 Mrd. € Schulden. Hier sollte der bekannte TV Sender mal seinen Schuldnerberater hinschicken. Die Abwrackprämie bedeutet demzufolge eine Neuverschuldung von 1,5 Mrd. € (1,500.000.000,-€). Pro Fahrzeug 2.500,- € macht 600.000 Fahrzeuge. Genau die, welche für das Wachstum und die Steigerung des BIP zuviel produziert wurden und auf der Halde standen, die verkauft werden mussten, um sich der Entschuldung zu nähern. Die untere Mittelschicht zahlt doppelt zurück.

Was ist der verschwiegene Hintergrund? Ein verkauftes oder auch verfinanziertes Fahrzeug im Werte von ca. 30.000,-€ gibt der Regierung sofort 19% Umsatzsteuer, also 5.700,-€ Steuereinnahme pro Fahrzeug. Bei 600.000 Fahrzeugen sind dies 3.420.000.000,-€ (3,4 Mrd.€). Ziehen wir nun die 1,5 Mrd.€ (Abwrackprämie) ab, so hat die Regierung mal eben knapp 2 Mrd.€ von den gering verdienenden Bürger erhalten.

Die Werte der Fahrzeuge fallen dagegen schnell. Nach dem ersten Jahr bereits um ca. 25% unter Neupreis. Nach drei Jahren liegt der Wert dann nur noch bei ca. 47% des Neupreises.

Die Banken haben sich bei den finanzierenden Bürgern
ebenfalls abgesichert. Werden die Raten nicht gezahlt,
greift die Bank auf das Eigentum der Bürger zu.

Durch die schnelle Regierungseinnahme von 2 Mrd.€ hat
die Regierung Liquidität erhalten, die zu einer weiteren
Staatsverschuldung notwendig sind. Die Gelder wurden
leider nicht zur Rückzahlung der vorhandenen Schulden
genutzt. „Cleverer" Schachzug oder Augenwischerei?

Die Banken wollen ihr Geld incl. Zinsen zurückerhalten.
Woher, oder besser von wem, bekommt unsere Regierung
die Kreditzahlung zurück? Wie zahlt sie die Zinsen
zurück? Genau, von unserem Geld. Und können die
Steuerzahler die Tilgung nicht bedienen, kann auch die
Regierung nichts zurückzahlen. Nun raten sie mal, wer
seine Kreditleistung so abgesichert hat, das er dafür das
Eigentum, Grund und Boden pfändet bzw. erhält?
Ich verweise auf das Grundgesetz Artikel 14 und 15 und
die Zentralbanken, hinter welchen sich auch die elitären
der Hochfinanz verbergen.

Hier einige Organisatoren und Gäste der Bilderberger –
Konferenz (Anzahl ca. 120 TN, aus führenden und
ausgewählten Ländern). Wichtigste Politiker,
Businessleute, Zentralbanker, EU-Kommissionsführer und
Konzernleiter der westlichen Massenmedien beinhalten. Zu
ihnen gesellen sich führende Repräsentanten von Europas
Monarchien. Zum Beispiel:
Rockefellers, Rothschilds, Königin Beatrice, Prinz Phillip,
Prinz Bernhard der Niederlande, Queen, Medien-Mogule
der herrschenden Zeitungen, Die Zeit und Springer,
Sutherland, Schrempp, Kissinger, Schily, Ackermann,
Burda, u.a. (Vollständige Liste unter: www.flegel-
g.de/Bilderberg/teilenhmer-bilderberg.html oder über
Suchmaschinen). Die beiden Erstgenannten sind auch
Mitbegründer der privaten Fed. Die sogenannte US-
Notenbank Federal Reserve mehren sich die Stimmen, die

für einen Ausstieg aus der ultralockeren Geldpolitik plädieren. Die Fed will trotz der Gefahr eines weiteren wirtschaftlichen Rückgangs den Leitzins mittelfristig anheben. Es ist ihr im Prinzip egal, wie viel Schulden die Regierung macht, denn wer nicht zahlt haftet mit seinem Eigentum und beispielsweise Staatsanleihen bedeuten Anteile am Staat. Wer regiert die Welt über der Regierung?

Regierungschefs: Putin, Bush, Schröder und Merkel, Finanzwesen, BP Chefs und wer nicht mitzieht der bekommt die Macht zu spüren, wie seinerzeit Herr Zumwinkel, der nicht die gewünschte Hörigkeit besaß.

Die Familie Präsident Obamas lebt in Afrika, wo noch viele Bodenschätze wie Gold vorhanden sind. Vielleicht ein Grund mehr, um dort für Sicherheit zu sorgen und Friedenstruppen zu entsenden? Wenn da mal nicht ein Erdbeben oder ähnliches ausbricht.

Scheindemokratien werden geschaffen, um die dahinter liegenden demokratischen Diktaturen zu verschleiern. Die Kontrolle und Übernahme von Menschen/Arbeitskräfte, Ländern/Rohstoffe, Wirtschaft und Finanzen zur Neuen Welt Ordnung (NWO) ist in vollem Gange. Eine Reduzierung der Menschen auf der Welt, wegen Nahrungsknappheit und Finanzproblemen? Eine überalterte Bevölkerung für welche keine Rentengelder vorhanden sind. Wundert es einem da, wenn dubiose Zwangsimpfungen, mit unterschiedlichen Impfstoffen und uns neue plötzliche Viren in der Umwelt begegnen?
In Südafrika haben 40% der Bevölkerung HIV. Wie wird es nach der WM in der Welt verbreitet? Warum warnt hier nicht die WHO? Bei der noch unbekannten Schweinegrippe warnten sie bereits, bevor in Mexiko die genaue Todesursache bekannt war. Nun schweigt die Presse über den Skandal, es ist ja WM 2010 – gebt den Leuten Brot und Spiele.

Dies ist der Schlüssel zum unlogischem
Regierungsverhalten, das Marionetten als Puffer
genommen werden, wie das mittlere Management in einem
Großunternehmen?

Egal, wer von den beiden Haupt - Parteien der letzten 60
Jahre regierte, immer das Gleiche Oppositionsgerede mit
nicht mehr überzeugender Makulatur. Nach CDU kommt
SPD und umgekehrt. Gäste in 2009 waren laut Liste CDU
Sprecher Eckart von Klaeden, R. Koch, Hessen, M. Nass,
Die Zeit, u.a.

Bereits vor der Ablösung von Kanzler Schröder wurde
wenige Monate vorab Frau Merkel als Gast geladen. Beim
diesjährigen Treffen nahm schon Herr Olaf Scholz teil.
Neben den führenden Medien, die über dieses Treffen
bewusst nicht berichten dürfen und den Top Leuten der
Wirtschaft, ist also Herr Scholz bereits dabei, um sich seine
Order ab zu holen. Wird er Kanzler, oder Herr Sarrazin?
Egal, sie befolgen eh nur hörig ihre Befehle.
Die Marionettenspieler geben sich die Ehre mit ihren
Gästen von Siemens, Daimler, Politik, Deutsche Bank und
Airbus (hier einige Teilnehmer aus Juni 2010):

**Press release Participants Bilderberg Meetings Sitges,
Spain 3-6 June 2010 Final List of Participants
*Honorary Chairman***
(aus www.bilderbergmeetings.org/meeting_2010_2.html)
BEL Davignon, Etienne Vice Chairman, Suez-Tractebel
**DEU Ackermann, Josef Chairman of the Management
Board and the Group Executive Committee, Deutsche
Bank AG** GBR Agius, Marcus Chairman, Barclays Bank
PLC ESP Alierta, Cäsar Chairman and CEO, Telefnica
INT Almunia, Joaquan Commissioner, European
Commission USA Altman, Roger C. Chairman, Evercore
Partners Inc. USA Arrison, Sonia Author and policy
analyst SWE Bacckstrorm, Urban Director General,
Confederation of Swedish Enterprise PRT Balsemalo,

Francisco Pinto Chairman and CEO, IMPRESA, S.G.P.S.; Former Prime Minister ITA Bernaba, Franco CEO, Telecom Italia S.p.A. SWE Bildt, Carl Minister of Foreign Affairs FIN Bilsfield, Antti Senior Editorial Writer, Helsingin Sanomat ESP BotÃn, Ana P. Executive Chairman, Banesto NOR Brandtzads, Svein Richard CEO, Norsk Hydro ASA AUT Bronner, Oscar Publisher and Editor, Der Standard TUR Asakir, Ruasen Journalist CAN Campbell, Gordon Premier of British Columbia ESP Carvajal Urquijo, Jaime Managing Director, Advent International FRA Castries, Henri de Chairman of the Management Board and CEO, AXA ESP Cebriain, Juan Luis CEO, PRISA ESP Cisneros, Gustavo A. Chairman and CEO, Cisneros Group of Companies CAN Clark, W. Edmund President and CEO, TD Bank Financial Group USA Collins, Timothy C. Senior Managing Director and CEO, Ripplewood Holdings, LLC ITA Conti, Fulvio CEO and General Manager, Enel SpA GRC David, George A. Chairman, Coca-Cola H.B.C. S.A. DNK Eldrup, Anders CEO, DONG Energy ITA Elkann, John Chairman, Fiat S.p.A. **DEU Enders, Thomas CEO**, **Airbus SAS ESP Entrecanales,** Josse M. Chairman, Acciona DNK Federspiel, Ulrik Vice President Global Affairs, Haldor Topsa͵e A/S USA Feldstein, Martin S. George F. Baker Professor of Economics, Harvard University USA Ferguson, Niall Laurence A. Tisch Professor of History, Harvard University AUT Fischer, Heinz Federal President IRL Gallagher, Paul Attorney General USA Gates, William H. Co-chair, Bill & Melinda Gates Foundation and Chairman, Microsoft Corporation USA Gordon, Philip H. Assistant Secretary of State for European and Eurasian Affairs USA Graham, Donald E. Chairman and CEO, The Washington Post Company INT Gucht, Karel de Commissioner, European Commission TUR GÃ¼rel, Z. Damla Special Adviser to the President on EU Affairs NLD Halberstadt, Victor Professor of Economics, Leiden University; Former Honorary Secretary General of Bilderberg Meetings USA Holbrooke, Richard C. Special

Representative for Afghanistan and Pakistan NLD
Hommen, Jan H.M. Chairman, ING Group USA Hormats,
Robert D. Under Secretary for Economic, Energy and
Agricultural Affairs BEL Huyghebaert, Jan Chairman of
the Board of Directors, KBC Group USA Johnson, James
A. Vice Chairman, Perseus, LLC FIN Katainen, Jyrki
Minister of Finance USA Keane, John M. Senior Partner,
SCP Partners GBR Kerr, John Member, House of Lords;
Deputy Chairman, Royal Dutch Shell plc. USA Kissinger,
Henry A. Chairman, Kissinger Associates, Inc. USA
Kleinfeld, Klaus Chairman and CEO, Alcoa TUR Koas,
Mustafa V. Chairman, Koas Holding A. USA Kravis,
Henry R. Founding Partner, Kohlberg Kravis Roberts &
Co. USA Kravis, Marie-Josace Senior Fellow, Hudson
Institute, Inc. INT Kroes, Neelie Commissioner, European
Commission USA Lander, Eric S. President and Director,
Broad Institute of Harvard and MIT FRA Lauvergeon,
Anne Chairman of the Executive Board, AREVA ESP
Leasn Gross, Bernardino Secretary General, Office of the
Prime Minister **DEU Löscher, Peter Chairman of the
Board of Management, Siemens AG** NOR Magnus,
Birger Chairman, Storebrand ASA CAN Mansbridge, Peter
Chief Correspondent, Canadian Broadcasting Corporation
USA Mathews, Jessica T. President, Carnegie Endowment
for International Peace CAN McKenna, Frank Deputy
Chair, TD Bank Financial Group GBR Micklethwait, John
Editor-in-Chief, The Economist FRA Montbrial, Thierry
de President, French Institute for International Relations
ITA Monti, Mario President, Universita Commerciale
Luigi Bocconi INT Moyo, Dambisa F. Economist and
Author USA Mundie, Craig J. Chief Research and Strategy
Officer, Microsoft Corporation NOR Myklebust, Egil
Former Chairman of the Board of Directors SAS, Norsk
Hydro ASA USA NaÃm, Moisacs Editor-in-Chief, Foreign
Policy NLD Netherlands, H.M. the Queen of the ESP Nin
Gacnova, Juan MarÃa President and CEO, La Caixa DNK
Nyrup Rasmussen, Poul Former Prime Minister GBR
Oldham, John National Clinical Lead for Quality and

Productivity FIN Ollila, Jorma Chairman, Royal Dutch Shell plc USA Orszag, Peter R. Director, Office of Management and Budget TUR Asszilhan, Tuncay Chairman, Anadolu Group ITA Padoa-Schioppa, Tommaso Former Minister of Finance; President of Notre Europe GRC Papaconstantinou, George Minister of Finance USA Parker, Sean Managing Partner, Founders Fund USA Pearl, Frank H. Chairman and CEO, Perseus, LLC USA Perle, Richard N. Resident Fellow, American Enterprise Institute for Public Policy Research ESP Polanco, Ignacio Chairman, Grupo PRISA CAN Prichard, J. Robert S. President and CEO, Metrolinx FRA Ramanantsoa, Bernard Dean, HEC Paris Group PRT Rangel, Paulo Member, European Parliament CAN Reisman, Heather M. Chair and CEO, Indigo Books & Music Inc. SWE Renstragm, Lars President and CEO, Alfa Laval NLD Rinnooy Kan, Alexander H.G. Chairman, Social and Economic Council of the Netherlands (SER) ITA Rocca, Gianfelice Chairman, Techint ESP Rodriguez Inciarte, Maasas Executive Vice Chairman, Grupo Santander USA Rose, Charlie Producer, Rose Communications USA Rubin, Robert E. Co-Chairman, Council on Foreign Relations; Former Secretary of the Treasury TUR Sabanci Dinäser, Suzan Chairman, Akbank ITA Scaroni, Paolo CEO, Eni S.p.A. USA Schmidt, Eric CEO and Chairman of the Board, Google AUT Scholten, Rudolf Member of the Board of Executive Directors, Oesterreichische Kontrollbank AG **DEU Scholz, Olaf Vice Chairman, SPD** INT Sheeran, Josette Executive Director, United Nations World Food Programme INT Solana Madariaga, Javier Former Secretary General, Council of the European Union ESP Spain, H.M. the Queen of USA Steinberg, James B. Deputy Secretary of State INT Stigson, Bjagrn President, World Business Council for Sustainable Development USA Summers, Lawrence H. Director, National Economic Council IRL Sutherland, Peter D. Chairman, Goldman Sachs International GBR Taylor, J. Martin Chairman, Syngenta International AG PRT Teixeira dos Santos, Fernando Minister of State and Finance USA Thiel, Peter A. President, Clarium Capital Management, LLC GRC Tsoukalis, Loukas President, ELIAMEP INT Tumpel-Gugerell, Gertrude Member of the Executive Board, European Central Bank USA Varney, Christine A. Assistant Attorney General for Antitrust CHE Vasella, Daniel L. Chairman, Novartis AG USA Volcker, Paul A. Chairman, Economic Recovery Advisory Board CHE Voser, Peter CEO, Royal Dutch Shell plc FIN Wahlroos, Bjagrn Chairman, Sampo plc CHE Waldvogel, Francis A. Chairman, Novartis Venture Fund SWE Wallenberg, Jacob Chairman, Investor AB NLD Wellink, Nout President, De Nederlandsche Bank USA West, F.J. Bing Author GBR Williams, Shirley Member, House of Lords USA Wolfensohn, James D. Chairman, Wolfensohn & Company, LLC ESP Zapatero, JosÃ© Luis RodrÃguez Prime Minister **DEU Zetsche, Dieter Chairman, Daimler AG** INT Zoellick, Robert B. President, The World Bank Group *Rapporteurs* GBR Bredow, Vendeline von Business Correspondent, The Economist GBR Wooldridge, Adrian D. Business Correspondent, The Economist

Die Financial Times Deutschland schreibt am 30. Juni 2010: Förderung für Riesen-Airbus A380 illegal. Die WTO kommt zu dem Ergebnis, dass Airbus beispielsweise illegale Staatshilfen für das Riesenmodell A380 erhalten hat. Deutschland, Spanien und Großbritannien hätten rückzahlbare Anschubdarlehen in Milliardenhöhe zu Bedingungen gewährt, die einer Exportsubvention gleichkommen. Solche Hilfen müssen nach den WTO-Regeln eigentlich sofort eingestellt werden. Die Staatshilfen sind Regierungsschulden und Steuergelder. Wir sollten dies beobachten.

Die Fragen, die sich automatisch aufdrängen sind: Wer profitiert? *siehe oben!*
Wer hat schon am ersten und zweiten Weltkrieg profitiert? *ebenda*

Welches Ziel wird erreicht? *Menschenmenge, Land, Nahrung - Neue Weltordnung*
Wer sind die Leidtragenden? *Wir, die Bevölkerung*

Die wichtigste Frage jedoch ist, wer ist die mächtige Kehrseite der Medaille, die der Bürger christlich und sozial unterstützen sollte? Wer hat die Macht und Kraft, um diese Dekadenz zu beenden?

Der Bruder unseres ehemaligen und geschätzten Bundespräsidenten Richard von Weizäcker, war ein bedeutender Physiker, Philosoph und Friedensforscher. Seine Prophezeiungen passen zu den Zielen der Bilderberger, weshalb ich sie hier mit einer Frage eröffnen möchte:

Handeln unsere Regierenden deshalb so merkwürdig?

Die Prophezeiung des von Weizäcker

Die Prophezeiungen des Carl Friedrich von Weizäcker.[32] Der bedrohte Frieden von 1983
1.Die Arbeitslosenzahlen werden weltweit ungeahnte Dimensionen annehmen (derzeit nachweisbar geschönt). 2. Die Löhne werden gewaltig sinken(Kostensenkung durch unqualifizierte Arbeiter). 3. Alle Sozialsysteme werden mit dem Bankrott des Staates zusammenbrechen, die Rentenzahlungen mit zuerst. Auslöser ist eine globale Wirtschaftskrise ungeheurer Dimension, die von Spekulanten(Hochfinanz) ausgelöst wird. 4. Ca. 20 Jahre nach dem Untergang des Kommunismus werden in Deutschland wieder Menschen verhungern. 5. Die Gefahr von Bürgerkriegen steigt weltweit dramatisch an. 6. Die herrschende Elite wird gezwungen, zu ihrem eigenen Schutz Privatarmeen zu unterhalten. 7. Um ihre Herrschaft zu sichern, werden diese Eliten frühzeitig den totalen Überwachungsstaat schaffen und

eine weltweite Diktatur einführen (NWO). 8. Die ergebenen Handlanger dieses Geldadels sind korrupte Politiker. 9. Die Kapitalwelt fordert wie eh und je einen noch nie dagewesenen Faschismus als Bollwerk gegen einen eventuell wieder erstarkenden Kommunismus. 10. Zum Zeck der Machterhaltung wird man die Weltbevölkerung auf ein Minimum reduzieren (NWO) . Dies geschieht mittels künstlich erzeugter Krankheiten(Viren und Impfungen). 11. Hierbei werden die Folgen von Bio-Waffen als "Seuchen" ausgegeben, aber auch mittels gezielter Hungersnöte und Kriegen. 12. Auslöser dafür ist die Erkenntnis, dass die meisten Menschen ihre eigene Ernährung nicht mehr finanzieren können. Dann werden die Reichen zu Hilfsmaßnahmen gezwungen, andernfalls entsteht für sie ein riesiges, gefährliches Konfliktpotential. 13. Um Rohstoffbesitz und zum eigenen Machterhalt werden Großmächte Kriege mit Atomwaffen und anderen Massenvernichtungswaffen führen. 14. Die Menschheit wird nach dem Niedergang des Kommunismus das skrupelloseste und menschenverachtendste System erleben, Ein System, wie es die Menschheit noch niemals zuvor erlebt hat, ihr "Armageddon". Das System, welches für diese Verbrechen verantwortlich ist, heißt "unkontrollierter Kapitalismus.[33]
Hoffentlich, liebe Exekutive und Judikative, trifft dies nicht zu. Nur sie können rechtzeitig gegensteuern. Denken sie an Recht und gute Sitten, was würden ihre Kinder später sagen?

Die Georgia Guidestones

Die Inschrift der Georgia Guidestones, die Ziele der Bilderberger:
Eine Inschrift, bestehend aus Richtlinien, ist in acht verschiedenen Sprachen eingraviert, eine Sprache auf jeder Seite der vier aufrecht stehenden Steine. Von Norden, Osten, Süden und Westen.

MAINTAIN HUMANITY UNDER 500,000,000 -
Halte die Menschheit unter 500 Millionen
IN PERPETUAL BALANCE WITH NATURE - und
in fortwährendem Gleichgewicht mit der Natur
GUIDE REPRODUCTION WISELY - Lenke die
Fortpflanzung weise
IMPROVING FITNESS AND DIVERSITY - um
Tauglichkeit und Vielfalt zu verbessern.
UNITE HUMANITY - Vereine die Menschheit
WITH A LIVING NEW LANGUAGE - mit einer
neuen, lebendigen Sprache.
RULE PASSION - FAITH - TRADITION *
Beherrsche Leidenschaft - Glauben - Tradition
AND ALL THINGS - und alles sonst
WITH TEMPERED REASON - mit gemäßigter
Vernunft.
PROTECT PEOPLE AND NATIONS - Schütze die
Menschen und Nationen
WITH FAIR LAWS AND JUST COURTS - durch
gerechte Gesetze und angemessene Gerichte.
LET ALL NATIONS RULE INTERNALLY - Lass
alle Nationen ihre eigenen Angelegenheiten
selbst/intern regeln
RESOLVING EXTERNAL DISPUTES - und
internationale Streitfälle
IN A WORLD COURT - vor einem Weltgericht
beilegen.
AVOID PETTY LAWS - Vermeide belanglose
Gesetze
AND USELESS OFFICIALS - und unnütze Beamte.
BALANCE PERSONAL RIGHTS WITH - Schaffe
ein Gleichgewicht zwischen den persönlichen
Rechten und
SOCIAL DUTIES - den gesellschaftlichen/sozialen
Pflichten.
PRIZE TRUTH - BEAUTY - LOVE - Würdige
Wahrheit - Schönheit - Liebe

SEEKING HARMONY WITH THE - im Streben nach Harmonie mit
INFINITE - dem Unendlichen.
BE NOT A CANCER ON THE EARTH - Sei kein Krebsgeschwür für diese Erde
LEAVE ROOM FOR NATURE - Lass der Natur Raum [34]
Let these be guidestones to an age of reason

So traurig es klingt, aber beobachtet der Bürger aufmerksam die Politik der letzten zwanzig Jahre, dann wird klar, dass hinter der Politik die machthabende Hochfinanz sitzt. Die Regierung als Marionette der Hochfinanz enttarnt, was sicher nicht im Namen des Volkes ist.
Dennoch hoffe ich noch auf die 20% menschlichen Menschen, die Ausnahme von der Regel, die in der Hochfinanz sitzt, dass sie hier gegensteuern.

G8 Gipfel

Unter dem G8 Gipfel wird das Treffen der führenden Industrienationen verstanden. Neben den Gründerländern Deutschland und Frankreich sind nun die USA, Großbritannien, Italien, Japan, Kanada und Russland hinzu gekommen. Zudem trafen sich zwischen 2007 und 2010 die G8 regelmäßig mit den Präsidenten von Algerien, Nigeria und Südafrika.

Auslöser des ersten Zusammentreffens war die angebliche Ölkrise und der Zusammenbruch von Bretton Woods, dem Goldwährungssystem der USA.
Der Ölpreis muss in Dollar gezahlt werden. Nachteil, die Länder können somit Unmengen von Dollar horten, was bei einem plötzlichen Freisetzen zu einer starken Abwertung des Dollars führen würde. Die volkswirtschaftlichen Folgen für die USA sind bekannt und verheerend.

Die Themen der Köpfe: Weltfrieden, Währung und
Wechselkurse, Klimaschutz, AIDS, Malaria und andere
Krankheiten.
Geht es um das Abholzen von Wäldern in Afrika, so wird
sicherlich der CO2 Wert weiter ansteigen und der
Sauerstoffgehalt geringer werden. Sehr interessant zur
Ablenkung für die Öffentlichkeit. Psychologisch werden
wieder Schuldgefühle bei den kleinen Verbrauchern
geweckt, deren Beteiligung an der Weltproblematik kaum
messbar ist.
Vermutlich der einzige Punkt, in welchem sich die CO2
Oberschuldigen China und USA einig sind.
Die wahren Themen sind die wirtschaftliche und politische
Zukunft Afrikas und anderer Länder. Kein Wunder das die
Fußball WM 2010 in Afrika stattfindet und das sich
Nigeria, Algerien und Südafrika zufällig qualifiziert haben.
3% des gewonnenen Goldes in Südafrika bleiben im Land,
97% werden sofort in die Schweiz geflogen.
Zufälligerweise lebt auch die Familie des US Präsidenten
Obama in Kenia/Afrika. Ein Land mit vielen Ressourcen
und Bodenschätzen, wird zum Mittelpunkt der westlichen
Welt.

Zufälligerweise haben wir ein großes Ölproblem vor der
Küste Mexikos. Weitere Gäste zur Zielerreichung sind
China, Indien, Brasilien, Mexiko. Das mächtige China hat
Dollarreserven in Höhe von 1.000 Mrd.$. Eine Gefahr,
welcher sich die USA bewusst sind.

Der amerikanische Staatsminister George Kennan schrieb
1948 dazu: Wir haben 50% des Weltvermögens, aber nur
6,3% der Weltbevölkerung. In dieser Situation werden wir
unweigerlich zur Zielscheibe von Neid und Ressentiments
anderer Länder. Unser Ziel sollte es sein Beziehungen zu
schaffen, die uns erlauben, dieses Ungleichgewicht
aufrecht zu erhalten und auszubauen.
Ein Mittel ist es, sich die Feinde anderer großer Länder als
vorläufige Freunde zu wählen.

Die Spannungen zwischen China und den USA sind kein
Geheimnis. Wen wundert es da, das der Google - Streit im
vollen Gange ist? Gerade in der Computertechnik ist China
mit den in fast allen PCs verbauten Chips Marktführer. So
soll nach Geheimdienstinformationen das chinesische
Militär in der Lage sein, über die einen installierten
Mikrochip die Computer weltweit außer Kraft zu
setzen.(Nexus März 2009)

Die USA wissen seit langem, das China eine große Macht
darstellt. China zieht die Wirtschaft an und produziert viele
verschiedene Güter, mit denen sie auf dem Weltmarkt
wettbewerbsfähig sind. Diese Mehrproduktstrategie,
welche sogar in die Automobilbranche hinein reicht, wird
nur noch durch Kontingentierungen und Protektionismus
zu bekämpfen sein. Ein anderer „Schutz“ ist vor den
preiswerten Produkten nicht machbar. Bei diesem
Wirtschaftswachstum dürfen die inneren Spannungen
durch Lohnunterschiede und soziale Gerechtigkeit nicht
auf der Strecke bleiben, um den Weltwettbewerb weiter zu
gewährleisten. Das Nord-Süd Gefälle ist noch zu stark
vorhanden.
Eine Kolonialunterdrückung, wie in einem afrikanischen
ein bis zwei Produktlandes ist in China allerdings nicht
mehr möglich.

China importiert und verarbeitet u.a. Rohstoffe aus
Russland und Sibirien und exportiert als Gegenleistung
dorthin Waren. Die Größe und Bevölkerungsdichte Chinas
zwangen somit die USA rechtzeitig Gegenmaßnahmen
einzuleiten. So unterstützten die USA Nord Korea im
Aufbau ihrer Atomaren Technologie, indem sie alles für
die Nutzung der Reaktoren unterstützt haben. Nord Korea
hat somit Atombomben und sogar schon einen Raketentest
in Richtung Alaska durchgeführt. Nun gilt Nord Korea als
gefährlicher Krisenherd, was auch eine Finte sein kann, da
Süd Korea auch interessant wird. Egal wie, perfekt initiiert.

Kommt mir vor wie das Spiel Risiko in Realität für kranke
Hirne.

Im Norden Chinas liegt die Mongolei. China und die
Mongolei sind aus geschichtlichen Hintergründen nicht
gerade als Partner zu bezeichnen. Die USA setzten sich
somit als Garant der mongolischen Unabhängigkeit ein. Sie
führten die neue mongolische Demokratie / Demokratur
ein, indem sie die freien Wahlen dort unterstützten.

Die Äußerung von George W. Bush bei einem Besuch in
2005 sprechen für sich. Er setzt auf die psychologische
Solidaritätsmethode. Die USA und die Mongolei haben
vieles gemeinsam, beide haben ihr Land mit Pferden
erobert. Die USA sei der „dritte Nachbar" der Mongolei.
Im Nachbarland Russland, die von Tataren zu Pferd auf
besonders grausame Weise durch Massaker heimgesucht
wurde, kam dies nicht besonders gut an. Ein Moskauer
Publizist bemerkte daraufhin, dass die amerikanischen
Pioniere die Pferde eher brauchten, um die weit
verbreiteten Indianerstämme auszurotten.[9]
Wen wundert es, dass die USA in 2006 zahlreiche Raketen
in der Mongolei stationierten? Die Mongolei wird ferner
als militärischer, strategischer Stützpunkt der USA genutzt.
China sieht dies gelassen und meint: Wenn China spuckt,
ertrinkt die Mongolei. Das zum G8 Thema Weltfrieden.

Chinas Wirtschaft wächst. Die Unternehmen expandieren
und nehmen Kredite auf, für welche sie Zinsen zahlen. Es
entstehen Forderungen (Kapital und Zins) und
Verbindlichkeiten (Tilgung/Rückzahlung). Liegen die
Zinsen über dem später geringeren Wirtschaftswachstum,
so reichen die Wachstumszahlen nicht mehr aus, um die
Forderungen zu tilgen. Die Unternehmen bekommen
Rückzahlungsprobleme und die Gläubiger werden
weiterhin Reicher.
So kann bei steigendem Wirtschaftswachstum die Armut
anwachsen.

Es geht um die Durchsetzung der Globalisierung und die
„Erschließung" neuer Märkte, sowie um die Verteilung der
dortigen Rohstoffe. Wie sieht es dann mit der sozialen
Gerechtigkeit dort aus? Das Spiel mit Krediten und Zinsen,
sowie Enteignung bei Zahlungsunfähigkeit beginnt. Hilfs-
und Friedenstruppen sind bereits in Afrika stationiert.

Die Impfstoffe der Bill Gates Stiftung sind auch schon da.
40% der afrikanischen Bevölkerung haben bereits eine
HIV - Infektion, von wem auch immer?
Die Bill und Melinda Gates Stiftung hat noch weitere
Gelder investiert. Bei diesem Projekt sollen Mücken in
fliegende Überträger verwandelt werden. Wie Moskitos die
Malaria übertragen, soll so die Impfstoffe übertragen
werden.[10] Sicher eine für Spekulationen sehr offene
Variante.

Dann kann die „neoliberale Hilfe" starten. Die Medien
werden die gewollte Richtung sicher weisen.
Neoliberalismus ist die extreme Form des Kapitalismus
und kann mit einer Heuschreckenplage vergleichen
werden. Sie stürzen auf das Kornfeld, vernichten alles und
ziehen weiter.

Wir wollen was für unsere Umwelt tun, so die Regierung.
Solarenergie, der Markt der Zukunft. Versprochene
Solarsubventionen werden zurückgezogen und reduziert.
Das Atomprogramm, mit veralterten Anlagen wieder
verstärkt aufgenommen. Die globale Steuerung des Sahara
– Solar – Projektes wird zur Rettung Europas gesichert.
Das Projekt Desetec dient der Stromgewinnung aus der
Wüste Sahara. Es soll eine Alternative zu Öl und Gas
darstellen.
Die Fläche der Solarzellen soll 3.600 qkm betragen. Hierzu
haben sich 15 Konzerne zusammengeschlossen, die sich
die Kosten von ca. 1.200 Mrd.€ teilen. Auf Europa fallen
400 Mrd.€. Den Rest sollen Nordafrika und der Nahe

Osten tragen. Ab 2019 soll der Strom nach Europa fließen.
Es erfolgt dabei eine Umwandlung von Sonnenenergie in
Wärmeenergie. Bei einem Wirkungsgrad von 85%.
Der Transport über 3.000 km nach Europa, soll über
Gleichstrom – Hochspannungsleitungen erfolgen. Die
speziellen Materialien sind bereits vorhanden. Die
Lebensdauer der Anlagen liegt bei ca. 40 Jahren. Die
Anlage arbeitet übrigens CO2 neutral. Erst danach sollen
die Atomkraftwerke abgeschaltet werden. Die auf uns
zukommenden Strompreise werden kaum zu zahlen sein.
Das ganze soll von Westafrika über die Straße von
Gibraltar nach Europa erfolgen. Die Abhängigkeit von
Afrika muss also vorab unter Kontrolle gebracht werden,
da diese dezentrale Energieversorgung ein Risiko darstellt.
Risiken wie Temperaturschwankungen durch den
Klimawechsel, Sandstürme, Tsunamie, Anschläge, und
Andere wurden wohl bewusst außer acht gelassen.

Der G8 Gipfel findet in 2010 in Huntsville/Kanada statt.
Hier werden die Weichen gestellt, für das am Folgetag
stattfindende G 20 Treffen in Toronto. Eine Aufteilung der
Erde.
Wann bekommt wer, was unter welchen Bedingungen.
Millenniumsziele: Armut und Krankheit, Hunger,
Menschenrechte, Recht auf Bildung in Südafrika und viele
andere Fakten.
Daran das in Europa und Deutschland eine
Verschlechterung von genau diesen Punkten durch Gesetze
und Reformen praktiziert wird, erkennt man den
Placeboeffekt der öffentlichen Information und damit die
Wahrheit der praktizierten Ziele.

Tesla und der wahre Fortschritt

Der Tesla, ein umweltfreundliches Fahrzeug. Benannt nach
Nikola Tesla, einem Erfinder und Ingenieur. Bekannt durch
seine praktischen Erfindungen auf dem Gebiet der
elektromagnetischen Energieübertragung, wie den ersten

Radiosenders und die erste Fernsteuerung auf
Wechselstrombasis.
Der Tesla ist ein Fahrzeug auf Wechselstrombasis. Seine
technischen Daten: 185 KW, Höchstgeschwindigkeit 210
Km/h, 3,9 sec. von 0-100Km/h, Verbrauch 1 Cent pro Km
an Wechselstrom, 6831 Lithium- Ionen Zellen.

Bereits 1915 waren die U-Boote mit Elektromotoren
ausgestattet, mit denen sie unter Wasser bis zu 100 km
Reichweite hatten. 1940 lag die Reichweite von
Elektromotoren unter Wasser schon bei 800 Kilometern.
Etwa 35 Jahre später wurden bereits von VW und Renault
Hybridfahrzeuge vorgestellt, die aber am Markt noch nicht
gewünscht waren. Zufällig genau zu Zeiten der „Ölkrise",
in Mitte der 70 ziger Jahre. Heute, 40 Jahre später, werden
die Fahrzeuge als hochmoderne Hybridfahrzeuge auf den
Markt gebracht.

Im Jahre 1984 war bereits ein reiner Akkumulatormotor,
ein Prototyp vorhanden, auf dessen Basis nun der Tesla am
Markt ist. Die Automobil-Lobby konnte sich diese
Revolution wegen des Motorenbaus nicht leisten. Die
Regierungen sahen leere Staatskassen durch fehlende
Kraftstoff- und Ölbesteuerungen.
Die Macht ein sinnloses Sonntagsfahrverbot zu erteilen,
wäre ebenfalls geschwunden. Also blieb alles beim Alten.
Ab in den Patenttresor.
Da die technische Entwicklung seit den ersten U-Booten
nicht stehen blieb, kann sich jeder seine eigenen Gedanken
machen.
Auch eine Glühlampe die niemals kaputt geht will kein
Unternehmen auf den Markt bringen, da nach
Marktsättigung die Insolvenz ansteht.

Krisenherd EU-Staaten

In Frankreich wurde über Jahrzehnte die Einwanderung
von Millionen Menschen aus dem außereuropäischen

Raum gefördert, ohne die Folgen zu analysieren und zu
bewältigen. Die Gewaltausbrüche sehen Experten als einen
Ausdruck für die lange aufgestaute Wut vieler Jugendlicher
über die herrschende prozentual hohe Armut,
Perspektivlosigkeit, Massenarbeitslosigkeit und damit
verbundene Resignation.
Soziologen warnten schon länger vor einer Eskalation. Die
Menschen selbst haben in der Vergangenheit wiederholt
versucht friedlich auf ihre Situation aufmerksam zu
machen, wie z.B. durch den „Marche des Beurs", doch die
erhofften Reaktionen blieben aus.

Jüngste Einsparungen und Sozialabbau vor allem auf
kommunaler Ebene verschärften die Situation. Die
bestehende Frustration wurde neben ethnischen und
religiösen Spannungen durch das Gefühl verstärkt,
politisch ignoriert und lediglich durch die Polizei ruhig
gestellt und schikaniert zu werden.
Ein denunzieren wie es in fast jedem EU-Land vorzufinden
ist.
Ein Teilnehmer der Ausschreitungen sagte: „Die Menschen
vereinen sich, um zu sagen, dass wir genug haben. Jeder
lebt in Angst."
Ein Soziologe deutet die Ereignisse als Revolte gegen die
Unordnung der Regierung an. Die Bürger fühlten sich von
der Regierung ausgeschlossen und perspektivlos.
Im weiteren Verlauf der Krawalle wurde auch immer mehr
von sozialen Verstärkereffekten durch Politik und der
Medien gesprochen. Seit Jahresbeginn wurden in ganz
Frankreich 23.100 Autos in Brand gesetzt.

Unsere Regierung lernt daraus. Ein Alkoholverbot unter
16, ein Tabakverbot unter 18 existiert bereits für
Jugendliche. Solarium und Lottoverbot ebenfalls. Wählen
sollen sie bereits ab 16 Jahren dürfen, was ist das
bitteschön für eine Regierungslogik. Sie erinnert mich an
die PISA Studie.

Der volljährige Bürger wird denunziert. Unter dem
Vorwand das alkoholisierte Jugendliche randalieren, wird
ab 22.00 Uhr der Kauf von Alkohol gesetzlich verboten.
Ein doppeltes Verbot für Jugendliche, eine Bevormundung
für alle mündigen deutschen Bürger. Zusätzlich werden die
Unternehmer ihrer Einkünfte beraubt.
Unsere Regierung lebt von Steuergeldern und selber
gemachter Verschuldung, aber sie vertreten in keinerlei
Hinsicht mehr das Interesse des deutschen Volkes, sondern
gehen immer weiter Richtung undemokratischen, autarken
Polizeistaat.
Der nächste Schritt ist bereits vorgemerkt. Es soll ein
nächtliches Ausgehverbot ab 00.00Uhr erteilt werden,
damit angeblich weniger Kriminalität stattfindet und alles
„sicherer" wird. Ausnahmegenehmigungen sollen nur bei
begründeter Notwendigkeit und entsprechender
Entgeltzahlung erteilt werden.

Aus Griechenland: "Der Staat, der Mörder" – mit solchen
Parolen protestierten weiterhin Massen vornehmlich junger
Leute in Athen und Saloniki, auf Kreta und im Zentrum
des Landes gegen den Tod eines 15-jährigen Schülers in
Athen.[11]
Nicht nur in der Heimat bekommt die Regierung von
Kostas Karamanlis den Unmut ihrer Landsleute zu spüren:
Auch in Berlin und London besetzten Griechen für
mehrere Stunden Konsulate und Botschaften.

Die Bilder von ausgebrannten Bankfilialen, zerstörten
Autos und zersplitterten Schaufenstern machen deutlich,
wie groß das Aggressionspotenzial der Menschen ist – und
wie groß die Gefahr einer weiteren Eskalation, sind doch
Hunderte vermummte Autonome unter ihnen.

Durch eine verschärfte Internet Kontrolle der
Regierungsbehörden, könnte hier ein solidarisches
Überschwappen auf andere EU-Länder vermieden werden.
Eine Internetkontrolle wäre daher wünschenswert, oder?

Der 15-jährige Alexandros Grigoropoulos war im Athener
Stadtteil Exarchia durch die Kugel aus der Pistole eines
Polizisten ums Leben gekommen. Die Menschen hatten die
Beamten beschimpft und Bierdosen auf den Dienstwagen
geworfen. Augenzeugen aber behaupten das Gegenteil:
Der Polizist sei aus dem Auto ausgestiegen und hätte direkt
auf den jungen Mann geschossen. Er und sein Kollege
seien dann einfach weggegangen, während der Junge tot
auf dem Bürgersteig lag.

Währenddessen greifen die Proteste auch auf die
Institutionen Griechenlands über. Schulen und
Universitäten bleiben geschlossen, die
Universitätsprofessoren haben einen dreitägigen Streik
ausgerufen.

Per SMS hatten Bürger- und Menschenrechtorganisationen
die Einwohner Athens dazu aufgerufen, am Montagmorgen
auf dem Syntagma-Platz in schwarzer Kleidung für
Gerechtigkeit im Falle des toten Schülers zu protestieren.
Eine GPS-Handy Kontrolle der Behörden wäre auch hier
zur Vermeidung von revolutionären Treffen ratsam, oder?

Die Protestwelle wird sich voraussichtlich ausweiten, da
die Gewerkschaften zu einem Generalstreik gegen die sich
ständig verschlechternden Arbeitsbedingungen aufgerufen
haben. Die Menschen haben die Demokratur der Regierung
satt und protestieren gegen diese desolate
Regierungspolitik.

Alle politischen Parteien haben das Vorgehen der
Polizisten verurteilt, dabei haben die Polizisten doch nur
im Interesse der Regierung gehandelt.

So, oder ähnlich könnte es bei uns in Kürze ebenfalls
aussehen.

In Deutschland kann man nur hoffen, das die
Exekutive/Polizei hier wach ist und das Volk vertritt, nicht
die von der Regierung auf eigene Bedürfnisse
beschlossenen Gesetze gegen das Volk einzusetzen und es
zu unterdrücken.
Das hier einige Menschen sind, die mitdenken und die
Gefahr, welche von dieser Regierung ausging und geht zu
erkennen. Die mitdenken und ihre Hörigkeit ablegen, denn
sie sind noch relativ freie Menschen.
Zu merken, das hier eine Hetzekampagne läuft, wenn ein
Herr Sarrazin immigrantenfeindliche Parolen verkündet. Er
selber jedoch die entsprechenden Gesetze mit seiner
Regierungspartei beschlossen hat.

Diese Parolen sorgen natürlich für Ablenkung von
Inkompetenz in der Wirtschaftspolitik.
Dazu Sarrazins Rede im Spiegel-online: „.... für die
Ausbildung seiner Kinder nicht vernünftig sorgt und
ständig neue kleine Kopftuchmädchen produziert", findet
der Bundesbanker. "Das gilt für 70 Prozent der Türken und
für 90 Prozent der arabischen Bevölkerung." "Türkische
Wärmestuben" könnten die Stadt nicht voranbringen, sagte
Sarrazin an anderer Stelle.

Meine Bemerkung: Herr Sarrazin, auch Wärmestuben
verbrauchen Energie und geben somit den
Energielieferanten einen wirtschaftlichen Impuls.

Leider hat schon hier die Exekutive, nämlich die
Staatsanwaltschaft und der Verfassungsschutz versagt. In
StGB § 130 Abs. 1 steht geschrieben: Volksverhetzung
(1) Wer in einer Weise, die geeignet ist, den öffentlichen
Frieden zu stören,
zum Hass gegen Teile der Bevölkerung aufstachelt oder zu
Gewalt- oder Willkürmaßnahmen gegen sie auffordert oder
die Menschenwürde anderer dadurch angreift, dass er Teile
der Bevölkerung beschimpft, böswillig verächtlich macht
oder verleumdet,

wird mit Freiheitsstrafe von drei Monaten bis zu fünf
Jahren bestraft.
... oder mit einem Posten bei der Bundesbank?

Laut **Tagesspiegel 22.07.2009**:
„Der ehemalige Finanzsenator Thilo Sarrazin ermöglichte
in seiner Amtszeit dem Golfclub W. ohne zwingenden
Grund einen günstigen Pachtvertrag und verzichtete
dadurch auf drei Millionen Euro". Zum Hintergrund, er
spiele selber in dem Club, ähnelt dem von Parteispenden.
Ohne Eigeninteressen im Hintergrund?
Die Exekutive muss endlich ihre Aufgaben bei den großen
Fischen erfüllen.
Das Eltergeld wird gestrichen und alles ist wieder schön
ausgeglichen? Wieder ein Verstoß gegen die soziale
Gerechtigkeit, welche von den Parteien selber gefordert
wurde.

Zu merken, das 64 Mrd. € Zinsen pro Jahr fällig werden,
die niemals bedient werden können, scheint seit Jahren
niemand zu interessieren. Das in 2011 fast 2.000 Mrd. €
Regierungsschulden vorhanden sind, und das Elterngeld
hier einen Tropfen auf den heißen Stein darstellt, darüber
schreibt keiner.

Eltern, welche durch Kinder für die Zukunft des Staates
sorgen zu bestrafen und das bei sozial am Abgrund
lebenden Bürgern, welche 40 Jahre Steuern und
Sozialabgaben einzahlten, ist eine Schande vor der Welt.
Im gleichem Atemzug aber eine Erhöhung der
Beamtengehälter, und damit auch Regierungsgehälter
stattfindet wird kaum erwähnt.

Dem Staatsbürger, also auch den Polizisten vor den
Wahlen versprechen gemacht werden, die wissentlich nicht
eingehalten werden, wie beispielsweise Frau Merkels
Steuererhöhung, die gleich nach den Wahlen statt fand. Im
Namen des Volkes?

Die Regierung ist realitätsfremd geworden. Die Judikative schläft, wie es aus der Geschichte schon zu erkennen war, im warmen Arm der Regierung.
Die berechtigten Hinweise der Demonstranten werden in Ärger mit der Exekutive untergraben. Das Jahrzehnte lange Spiel sollte zur Abwechslung mal von der Judikative und Exekutive in die andere Richtung gehen, wo die wahren Verursacher des desolaten wirtschaftspolitischen Zustandes sitzen.

Noch ein aktueller Fall zur blinden Hörigkeit und unlogischem Verhalten. Die Regierung will ihre Sicherheit. Dafür müssen sie einen SRC (Short Range Certification) Funkzeugnis ablegen. Haben sie dieses nicht, und wollen auf See, so werden sie gezwungen das Funkgerät auszubauen und dürfen dann ohne Funk weiterfahren. Was ist dem Gesetzgeber wichtiger: a) Ihre Sicherheit oder b) die Gebühren und die Ordnungswidrigkeitsgelder, also ihr Geld?

Das Hörigkeitsverhalten, das gerade bei Beamten ohne viel Nachzudenken praktiziert wird zieht sich weiter durch die Bevölkerung. Schule, Bundeswehr, Medien und Ausbildung sorgen für den gewünschten Erfolg, der guten Psychologen bekannt sein dürfte. Frei nach Kurt Lewin.

Die Regierung versucht die Bevölkerung gegeneinander aufzuhetzen, um von der eigenen Fehlpolitik abzulenken. Kleine Aussagen: Wir bauen ein Minarett oder eine Synagoge reichen meist aus. Dann noch eine Nachricht vom Fußball und einem neuen Luxusauto, welches sich sowieso niemand leisten kann und schon sind wir weg von der Wirtschaftskrise, Steuererhöhungen, Deflation, kommender Inflation, neuer Währung, verstecken von wahren Arbeitslosenzahlen, Überwachung des Volkes und sozialem Abstieg.

Diese Fakten würden die mentale, religiöse und emotional unterschiedliche Bevölkerung schnell gemeinsam gegen den wahren Verursacher aufbringen. Aus Angst davor wird vorab gezielt mit Medienhilfe manipuliert.

Wirtschaft und Konjunktur

Als Maßstab der Konjunkturphasen dient die Entwicklung des Bruttoinlandproduktes (BIP). In einer sinuskurvenartigen Bewegung lässt sich die einzelne Phase gut erkennen. Die Zeitachse (t) soll eine Sequenz von ca. 7 Jahren darstellen.

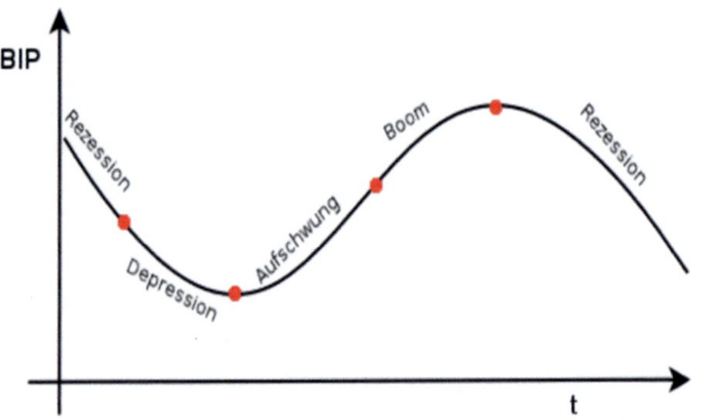

Wir unterscheiden vier Phasen. Aufschwung (Expansion), Höhepunkt (Boom), Abschwung (Rezession) und Tal der Tränen (Depression). Sie sollen der Regierung dazu dienen, rechtzeitig bestimmten Phasen entgegenzuwirken, um die Stabilität der Volkswirtschaft zu erfüllen.

Der Aufschwung wird durch gute Produktionsauslastung, Investitionen und hohen Konsum gekennzeichnet. Wir verzeichnen ein Wirtschaftswachstum bei hoher Nachfrage am Markt und entsprechenden Lohnsteigerungen.

Dies führt zur Hochkonjunktur, dem Boom. Die Nachfrage ist größer als das Angebot. Die Produktionsanlagen sind gut ausgelastet und es liegt eine sehr geringe Arbeitslosenquote vor. Die Preise werden zwangsweise angehoben und es kommt sogar zu längeren Lieferzeiten.

Im Abschwung kommt es zum Abbau des Nachfrageüberhanges. Die Auslastung der Produktionsmaschinen geht zurück. Die Vorproduktion muss abgesetzt werden. Gewinne werden weniger. Dem Kostendruck wird durch Freisetzung von Arbeitskräften begegnet. Das BIP sinkt. Die Konsumenten werden vorsichtig.

In der Depressionsphase ist alles zu spät. Das Wirtschaftswachstum ist rückläufig. Das Angebot ist größer als die Nachfrage. Fallende Preise (Deflation). Die Produktion läuft auf dem Minimum. Hohe anhaltende Arbeitslosigkeit. Die Kurzarbeit steigt an. Betriebsschließungen sind an der Tagesordnung.

Ein rechtzeitiges Entgegenwirken durch strategische Maßnahmen soll einen Trend im mittleren Bereich bewirken, der für alle in der Volkswirtschaft zufriedenstellend wäre.

Die PISA - Studie und ihre Wirkung

Immer wieder lesen und hören wir von unseren Schülern und deren schlecht abgeschnittenen PISA Studie steht für Programme for International Student Assessment, also Programm zur internationalen Schülerbewertung. Es sind Tests im Auftrag der Regierung. PISA soll eine Beschreibung des Ist-Zustands liefern und Verbesserungen auslösen. Wie sehen diese Verbesserungen nun aus? **Beispiel 23. Oktober 2009 - Die Welt.** Zwei Stunden weniger Unterricht für Oberschüler. Kürzungen in Biologie und Chemie durch Senator Zöllner, abgesichert durch die

Regierung. Dann die widersprüchliche Wahrheit: Unsere
"PISA-Studie" ist so schlecht ausgefallen, wir müssen
eruieren (untersuchen) woran das liegt.
Dies nachdem vorab Schulgelder für Bücher und
Lehrmittel gestrichen wurden, Lehrer entlassen wurden,
größere Klassen (30 Schüler pro Klasse), Die Schulzeit von
13 auf 12 Schuljahre reduziert wurde, Stundenausfälle und
kranke Lehrkräfte an der Tagesordnung sind,
Schülerbetreuung fehlt, Elterngelder gestrichen werden.

Am Elternabend werden die Eltern aufgefordert, die
Klassen und Flure zu renovieren, was einem Aufruf zur
Schwarzarbeit gleichkommt, da hier kleinen
Malerbetrieben die Arbeit weggenommen wird. Ganz
abgesehen von den rechtlichen Problemen, wenn durch
falschen Zusammenbau von instandgesetzten Fenstern,
falschen elektrischen Anschlüssen, oder „Arbeitsunfällen"
niemand haftet. Sozialabbau pur, mit dummen Sprüchen.

Weitere Fakten der schlechten PISA Studie sind in der
antiautoritären Erziehung, gemischt mit
retardierenden/zurückbleibenden Schülern, die kein
deutsch mehr sprechen können, weil 40% Immigranten die
deutsche Sprache nicht beherrschen bzw. verdrehen, sowie
Lehrer, die sich auf deren Level einstellen führte genau der
derzeitigen schlechten Pisa Studie, die wir aktuell
vorfinden.

Das Zusammenlegen von Haupt- und Realschulen führt
hier zu einem weiteren negativen Synergieeffekt, einem
Bildungsrückschritt der zwangsläufig in einer
Zweiklassengesellschaft provoziert wird. Oder meinen sie
vielleicht, die Bildungsstiftungen aus der westlichen Welt
wollen in Afrika gute Juristen ausbilden, die ihnen dann
den eigenen Profit streitig machen?

Szene aus die Nanny.

Nanny: Oh Gott ich bin schockiert, wie können sie ihr
Kind schlagen
Vater: Ein Klaps auf den Po ist doch kein schlagen.
Nanny: Ich sehe da keinen Unterschied. Das ist körperliche
Gewalt.

Ja, die Nanny hat recht. Lassen sie sich beschimpfen und
mit Essen bewerfen. Das Kind muss lernen sich zu wehren.
Reden sie mit ihrem Kind. Am Besten in englisch,
arabisch, türkisch, chinesisch oder latein, dann wird es
gleich mehrsprachig erzogen und versteht alles besser in
der Schule.
Dies ist notwendig, denn in der Zeitung steht täglich etwas
von Deutsch - Nigerianern, Deutsch - Türken, Deutsch –
Japanern, Deutsch – Palästinensern und Deutsch-Italienern,
wie mich. Also üben, üben, üben.
Dies hat auch den Vorteil, das ihr Kind später vielleicht die
Landessprache versteht, wenn es von der Regierung in den
Krieg/Tod oder in ein „Krisengebiet“ geschickt wird. Sie
wissen doch: Kinder müssen Grenzen abstecken, oder?
Also immer schön antiautoritär und kümmern sie sich um
viele fremde Kinder, damit die eigenen sie vermissen, wie
bei Frau Super Fanny oder Frau Internetkontrolleurin.

Das überzogene Tolerante Gehabe ging nach hinten los.
Wer toleriert die Intoleranten, oder ist man bei
Nichttolerierung der Intoleranten nicht selber Intolerant?

Die Qualität leidet schon in der Schule und spiegelt sich in
der Arbeitsleistung wieder.
Die negative Vorbildfunktion der Politiker und
Funktionäre der Wirtschaft gibt die zusätzliche
Demotivation für Schüler und die Mehrheit der deutschen
Bevölkerung.

Bekannt ist auch, das sich der Mensch von negativen
Faktoren der Umgebung schnell beeinflussen lässt (siehe
Prof. Zimbardo; verfilmtes Gefängnis - Experiment). Was

bei einer Gesamtschulsituation, wie sie diese Regierung
will (Haupt-/Realschulen) bewusst in Kauf genommen
wird.
Die Zwei – Klassen – Gesellschaft.
Wir kennen es aus der Grundschule. Eine Lehrerin sagte
bei der Elterversammlung: Wir müssen uns nach den
schwachen richten, die Sprachprobleme haben. Gemeint
sind die durch die Regierung gut in mehreren verschiedene
Klassen integrierten 40% Immigrantenkinder, welche die
deutsche Sprache nicht beherrschen bzw. verdrehen, sowie
Lehrer, die sich auf deren Level einstellen. Der Umgang
formt den Menschen.

Der Unterrichtsstoff nach vorgegebenen Rahmenplan
konnte nicht erfüllt werden.
Schwache Pisastudie und schwache Absolventen und die
Regierung will eruieren woran das wohl liegt. Was ist das
für ein Zirkus?

In der gleichen Ausgabe der **Welt auf Seite 3** der Titel
Angst vor der Unterschicht!

Jedes Jahr verlassen in Deutschland 220.000 Schüler die
Schulen ohne ausreichend Lesen und Schreiben zu können.
Bildungsarmut in Deutschland und dazu eine veraltete
Generation.
Das passt sehr gut zur zusätzlichen Produktion der
gewollten Zweiklassengesellschaft.

Geschürten Problemen für Alleinerziehende und (noch)
berufstätige, die keinen Kindergartenplatz finden können,
der zu entsprechenden Zeiten geöffnet hat (6.00 – 22.00
Uhr Öffnungszeiten laut Gesetz). Kitas schließen um 17.00
Uhr. Kinder müssen somit bewusst allein zu Haus sein
oder landen auf der Straße.

Alles wird gezielt in den Abgrund gesteuert. Menschen, die
auf der Straße erfrieren und nichts zu essen haben – sich in

Alkohol flüchten. Rentner, die ihre Heizkosten nicht tragen können, krank werden und Hilfe brauchen. Hilfebedürftige alte Menschen, welche in Altenheimen schlechte Behandlung erhalten, da Gelder für qualitativ hochwertige Arbeitskräfte fehlen und durch schwache Billigkräfte ersetzt werden.
Einsparungen in der Krankenversicherung bei steigenden Beiträgen. Ein immer weiter produziertes soziales Chaos.

Dazu kommen dann die Medien mit Tricks, um den notleidenden auch noch das letzte Geld zu nehmen, indem sie Hoffnung auf Gewinne verbreiten und sich daran bereichern.

Radiosender gehen auf Hörerfang, indem sie die Armut der Bürger ausnutzen.
Aussagen wie: Rufen sie an und Gewinnen sie. Der Preis ist eine Tankfüllung oder 200,-€ in bar. Gewinnspielfragen im Fernsehen: Was ist die richtige Lösung? Gewinnen sie 5.000,-€ in bar. Zum Beispiel wer sitzt in der Regie von DSDS (Deutschland sucht den Superstar):

a)   Jim Panse
b)   Dieter Bohlen

Von wem kommen die Gelben Seiten?
a)   Gelbe Seiten Verlag
b)   Sieben Zwerge

Jeder Anruf bringt 0,50€ was bei bundesweit nur 3 Mio. Anrufern schon 1,5 Mio. €, einbringt. Gezahlt werden dem Gewinner nur 5.000,-€. Bleiben also fast 1,495 Mio. € für den Sender. Eine legitimierte Ausbeutung.

Fassen wir zusammen: Hier die **politischen Fakten für eine gewollte schlechte PISA - Studie**:
-        Streichung von Büchergelder für Schüler

- Größere Klassen mit weniger Lehrern (30 Schüler zu 1 Lehrer)
- Hoher Ausländeranteil lässt deutsche Schüler schlechter werden, da der Stoff des Rahmenplanes nicht mehr geschafft wird – man muss sich ja den schlechten gegenüber tolerant verhalten, da sie wegen der Sprach- und Verständnisprobleme nur schwer mitkommen – anstatt den bedürftigen Nachhilfe am Nachmittag zu geben.
- Hohe Ausfallzeiten durch „kranke" Lehrer kommen noch erschwerend hinzu.
- Die Schulzeit an Gymnasien wird zusätzlich von 13 auf 12 Jahre verkürzt, wodurch der Unterrichtsstoff kaum schaffbar wird.
- Gesamtschulprinzip wird errichtet, damit die wenigen guten Schüler noch weiter heruntergezogen werden, was empirische Untersuchungen von Prof. Dr. Zimbardo u.a. bereits bewiesen wurde.
- Reform der Rechtschreibung mit unterschiedlicher Umsetzung der Bundesländer führt zu Verwirrung und noch schlechterer Bildung.

Diese gewollte Bildungsarmut des jungen deutschen Volkes, wird durch die Regierung und die **Medien** stark unterstützt:
- TV – Moderatoren, die kaum einen richtigen Satz hervorbringen können
- Radiosender für Jugendliche haben Moderatoren, welche sich kaum artikulieren können und extrem falsches deutsch sprechen. Was bewirken solch negative Einflüsse bzw. Vorbilder? Bestimmt keine bessere PISA Studie.
- Die schlechte Vorbildfunktion wird geschürt und durchgesetzt unter dem Deckmantel von Toleranz und Antiautorität.
- Schlechte Gerichts- und Familienprobleme, fingierte Diskussionen im TV zur Ablenkung und weiterer Verdummung.

Die Listen können beliebig weitergeführt werden, aber dafür sorgt schon unsere „ernannte" Regierung.

Sprüche der Politiker, wie: „Wir müssen eruieren" sind Makulatur, da alles über Jahre hinweg klar erkennbar ist und eindeutig gesteuert wird.

Insolvenzen und Abwanderungen großer Unternehmen aus Europa.[12] Dorthin, wo weniger Steuern zu zahlen sind, wo es staatliche Zuschüsse gibt, wo die Umweltauflagen geringer sind, wo keine Gewerkschaften vorhanden sind, wo schwache Gesetze vorherrschen, wo die Löhne niedrig bleiben, wo die Menschenrechte wenig zählen, das soziale Gefälle hoch ist, welches Land fällt ihnen spontan ein?

Eine gewollte Bildungsarmut, damit die Fehlpolitik besser vor den Bürgern vertuscht werden kann? Weniger Unternehmen am Arbeitsmarkt (Monopole) und mehr Menschen die Arbeit suchen. Das Ziel sind billige, ausnutzbare Arbeiter, die für x,- € die Stunde arbeiten, die sich nicht gegen diesen Zustand zur wehr setzen.
Dies wird durch die PISA Studie überprüft, damit sich der Bildungsstand schön zurück entwickelt. Vom Land der Dichter und Denker zur mechanisch handelnden Mensch-Maschine. Ist dies nicht klar erkennbar?

Die Zinsfalle

In einem Studiengang der Wirtschaftswissenschaften lernen sie von den einfachsten bis zu den kompliziertesten Theorien, Gesetze, empirischen Untersuchungen und Berechnungen viele Varianten kennen, deren Anwendung in der Betriebs- und Volkswirtschaft den Wettbewerbsvorteil sichern können. Einfache Dinge mit großer Auswirkung werden kaum hinterfragt sondern als selbstverständliche Basis gesehen. Wie beispielsweise der Zins.

Er ist der Preis für überlassenes Geld oder Kapital, also
auch für Vermögenswerte wie Wohnungen und andere
Gegenstände (Mietzins, Pachtzins,...).

Staatsschulden werden eindeutig vom Volk über
Steuereinnahmen getragen.

Industrieschulden werden ebenfalls vom
Bürger/Konsumenten getragen. Dies geschieht verdeckt
über die Preise. In der Preiskalkulation sind auch Zins,
Wagnis und Gewinn enthalten.

Zu dieser Entwicklung des Zinses eine kleine historische
Geschichte. Zu damaliger Zeit existierte der Tauschhandel.
Wegen der unterschiedlichen Wertigkeiten der Güter und
Zeitabläufe in der Herstellung bzw. Ernte einigte man sich
auf ein allgemein gültiges Tauschmittel, die Münzen/Geld.
Je nach Bedarf konnte es zum Tausch eingesetzt werden.
Diese Münzen wurden vom Goldschmied erstellt und von
der Regierung genehmigt. Ein Aufdruck sollte sie
fälschungssicher machen. Für diese Tätigkeit erhob der
Goldschmied eine Gebühr. Dies war die Geburtsstunde der
Zentralbanken, die für ihre Dienste Zinsen verlangen. Jeder
erhielt 100,- M (Münzen) zu einem Zinssatz von 5%.

Am Jahresende hatten einige Bürger 110,-M, oder 105,-M
und Andere nur 90,-M, oder 95,-M., da ja nur für jeden
100,-M in Umlauf gebracht wurden. Es hatten sich also
einige Bürger verschuldet und mussten erneut um Kredit
bitten. Sie erhielten diesen Kredit gegen Sicherheiten,
welche in Form von Schuldverschreibungen und
Eigentumsabtretungen geleistet wurden.
Das diese geforderten Zinsen niemals gezahlt werden
konnten, da diese gar nicht im Umlauf waren begriff
niemand so richtig. Somit war es unvermeidlich, das einige
Bürger rückzahlungsunfähig wurden, sich
weiterverschuldeten, oder Haus und Hof verloren.

Andere dagegen hatten mehr M und legten dies in der
Bank an, um ebenfalls einen kleinen Zinsertrag zu erhalten
(Sparbuch). Die Anleger erhielten Quittungen, welche
ihnen den Wert der Bankeinlage bestätigten. Diese waren
leichter zu transportieren als schwere Münzen. Diese
wurden ebenfalls als Zahlungsmittel akzeptiert.

Da nun kaum ein Bürger mehr Münzen von der Bank
forderte - man hatte ja die Papierquittungen - blieben die
Münzen zu 90% auf der Bank liegen. Die Bank konnte
somit, mit den nicht geforderten, geparkten M, an andere
Kreditnehmer weiter verleihen. Solange nur 1 von 10 seine
Münzen von der Bank forderte, brauchte die Bank nur
Quittungen auszustellen und Buch zu führen. Dieses
System wurde in andere Länder transferiert und man
braucht schließlich nur noch Überweisungsaufträge an die
entsprechenden Personen. 80% des Zahlungsverkehrs
wurden so abgewickelt.

Für die Aufbewahrung des Geldes erhielten die Sparer 3%
Sparzins. Kredite kosteten 5%, die Bank hat somit nur 2%
Zinsen dachten fälschlicherweise fast alle Bürger.

Durch die zeitliche Einlage der Spargelder und der
Tatsache, dass das Verhältnis 9:1 beim Abheben nicht
überschritten wurde, denn nur ca. jeder Zehnte wollte seine
Münzen abholen. Aus 100,- M wurden somit 900,- M die
verliehen werden konnten, zu 5%, was der Bank 45,- M
einbrachte. Gezahlt wurden nur 3,-M, also bleiben
richtigerweise 42,- € für die Bank und nicht 2,- M, wie
viele seelenruhig annahmen. Ein zeitgerechtes Problem.
Würden sich alle Bürger innerhalb eines Monats ihr Geld
von der Bank auszahlen lassen, so wären viele Banken
sofort Pleite. Der Schwindel würde auffliegen und platzen.

Das weis auch die Regierung, weshalb die Kanzlerin die
Bevölkerung beim Start der Bankenkrise in 2009 die

Bevölkerung aufrief, Vertrauen in die Banken zu haben
und nicht das Geld abzuheben.

Ein Unternehmer klagt an: Das funktioniert nicht. Stellen
sie sich vor es gäbe nur 2 Unternehmen jedes erhält
100Mio. M zu 5 % Zinsen. Die 5 Mio. M können niemals
gezahlt werden, denn es gibt sie gar nicht. Alle produzieren
Waren, aber nur die Bank das Geld. Im Verhältnis der
Waren und nicht mehr. 95 Mio. M gehen jeweils an
Löhnen, Maschinen und weiteren Kosten ab. 5 Mio. wollen
wir Unternehmer als Gewinn erzielen. Sie, die Bank aber
will die 100 Mio. M Kreditzahlung und 5 Mio. M als Zins,
also 210 Mio. M von beiden Unternehmern, obwohl nur
200,- Mio. M im Wirtschaftskreislauf vorhanden sind.[13]
Wie soll das funktionieren?

Die Bank müsste also selber 10,- Mio. M in den
Wirtschaftskreislauf zuführen damit eine Rückzahlung
erfolgen kann. Das System ist so nicht möglich. Hier
gewinnt nur die Bank, nämlich das Eigentum der Bürger.

Die Hersteller und Händler versuchen somit den
Wettbewerbern den Anteil zu nehmen, welchen sie zur
Rückzahlung an die Bank benötigen. Preiserhöhungen,
niedrige Löhne, Entlassungen, Armut, Insolvenzen,
Kriminalitätssteigerung, Zölle, Kontingentierungen,
Staatsverschuldung, soziale Streichungen, usw. sind die
Folge. Ein einfaches System, welches durch
komplizierteste Theorien, Gesetze, empirischen
Untersuchungen und Berechnungen verschleiert wird.
Es folgen Hetzkampagnen um von wahren Problemen
abzulenken und Gruppenbildung zu provozieren, da diese
sich besser kontrollieren lassen und gegen die man dann
mittels Exekutive besser vorgehen kann.

Für die Schuldentilgung sind dann nur noch Kriege
möglich, um gemeinsam mit Verbündeten neue Ländereien
und Ressourcen zu erobern und die Besiegten aus zu

beuten. Kriege in Somalis, Irak, Kongo und Afghanistan
unter dem Deckmantel von UN Hilfs- und Friedenstruppen
sind die ersten Schritte. In Afghanistan stieg nach
Einmarsch der UN - Friedenstruppen die Opiumproduktion
um 50% an. Drogen, welche durch Spritzen injiziert
werden, verbreiten HIV. Die Regierung bewilligt
Einwegspritzen, um das Risiko der Erkrankung zu stoppen.
Sie verdammen die Drogen um Wählerstimmen zu erhalten
und nutzen es gleichzeitig, um Gesetze zu erlassen.
Komischerweise haben wir 6 Mio. Tabaktote pro Jahr und
nur 42.000 Drogentote und 2 Mio. HIV Tote pro Jahr. [14] So
kann man auch die gewünschten Bevölkerungszahlen
kontrolliert in Griff zu bekommen. Guter Einsatz der
Rohstoffe, es werden halt Prioritäten gesetzt.

Das Zusammenspiel wirkt kompliziert, ist es aber im
Grunde gar nicht. Es müssen nur die richtigen falschen
Leute an den Schlüsselpositionen sitzen, um ein
funktionierendes Netz aufzubauen. Auch Drogengelder
müssen verwaltet werden. Gewaschen über Aktien, Fonds
u.a. Wertpapieranlagemöglichkeiten. Kommt es mal zu
gewollten/ungewollten Verlusten, so kann dies einen
Skandal oder Konkurs zur Folge haben.
Wer hier an den entsprechenden Positionen sitzt, hat die
Macht der Steuerung. Die Veröffentlichung eines
kriminalistischen Erfolges der Drogenpolizei verweist
daher im Allgemeinen auf die Verlagerung des Geschäftes
auf eine andere Route oder auf die Ausschaltung eines
Konkurrenten bei gleichzeitiger Absicherung und Stärkung
der verdeckt fortlaufenden Geschäfte der Hinweisgeber.

Wie kommt es dazu, dass Drogen z.B. aus der Türkei
geschmuggelt werden können?
Die Schmuggler werden stark bestraft. Keiner fragt:
Warum kann man aus der Türkei überhaupt Drogen
schmuggeln?

Wer steckt dahinter? Haben die europäischen Länder ihre
Drogen, Dealer, Inoffiziellen und V-Männer nicht im Griff,
das so etwas überhaupt möglich sein kann? Ist der Zoll
unterbesetzt oder taugen die Drogenhunde nichts? Oder
dürfen sie nur eine Alibifunktion vor dem Bürger
wahrnehmen?

Anbaugebiete werden kontrolliert, Transporte müssen
getätigt werden, Banken verwalten die Gelder, Dealer sind
bekannt und das Drogenproblem könnte kurzum erledigt
sein, wenn da nicht eine gewisse, gewollte Lethargie im
Hintergrund wäre.

Geheimdienste, welche Guerillaarmeen anheuern, die
Unterwelt für geheimdienstliche Zwecke einspannen,
radikale Bewegungen in vielen Staaten finanzieren wollen,
müssen eine Gegenleistung erbringen. Und die besteht im
letzteren Fall im Schutz der kooperierenden Kriminellen
vor dem Zugriff der Strafverfolgungs- und
Drogenbekämpfungsbehörden, und zwar von Beginn der
Straftat an bis zur erfolgreichen Verwertung der Beute.
Von daher verwundert es nicht, wenn Bankinstitute, die
sich an vorderster Front, der Geldwäsche vielleicht
ungewollt verschrieben haben, nicht selten von
Geheimdiensten zu eigenen Zwecken benutzt und geleitet
werden. [15]

Auch die Regierung Bhutto musste sich an der
Bekämpfung des Drogenhandels aktiv beteiligen, wenn sie
das jährliche Testat erfolgreicher Drogenbekämpfung und
guter Zusammenarbeit mit der US-Regierung erhalten
wollte, ohne das der US-Kongreß keine Mittel für Militär-
und Entwicklungshilfe freizugeben pflegt. Frau Bhutto
erklärte daher den pakistanischen Drogenkönigen offiziell
den Kampf. Sie ließ zwei der höchsten Beamten des
Militärgeheimdienstes ISI aus dem Amt entfernen und
entließ General Fazle Haq, den tief in den afghanischen
Drogenhandel verstrickten Gouverneur der

Nordwestprovinz, de facto zugleich Kommandeur des Krieges in Afghanistan. Der Gouverneur soll nach Schätzungen ein Privatvermögen von mehreren Milliarden Dollar beiseite geschafft haben. *...und die Banken?*
Kurz nach der Verhaftung des Generals meldete sich der Sohn des früheren Premiers Zia in einer Zeitung mit dem Hinweis zu Wort, der größte Heroinhändler Pakistans, Baig, pflege enge Beziehungen zum Sprecher des pakistanischen Abgeordnetenhauses, einem Führungsmitglied in Benazir Bhuttos regierender Volkspartei.
Daraufhin wurde der Drogenhändler zwar verhaftet, gegen Kaution jedoch wieder auf freien Fuß gesetzt.
Die Regierung geriet in die Defensive und zeigte sich außerstande, den in zehn Regierungsjahren Zias angewachsenen Drogenanbau und -vertrieb zu unterbinden, nicht zuletzt deshalb, weil die Einnahmen aus dem Drogenhandel von jährlich acht bis zehn Milliarden Dollar den Umfang des Staatshaushaltes übersteigen und rund ein Viertel des Bruttosozialproduktes Pakistans ausmachen.

Fazit: Die handelnden Bankpersönlichkeiten sind optimal gegen Verfolgung gesichert, der Geheimdienst seinerseits erlangt Einblick auch in anderweitige Operationen der Bank. Gegenüber den Drogenfahndern gilt fortan der gemeinsame Schulterschuss von Bank- und Staatsgeheimnis. Bei einer Marge von insgesamt zwischen zehn und 15 Prozent der zu waschenden Geldmenge bleibt für die Beteiligten ein guter Batzen risikolos zu verteilenden Gewinnes.
Da derartige Banken nach gewisser Zeit einmal aufzufallen pflegen, möglicherweise auch ihre guten Dienste im Übermaß geleistet haben und in neuen Konfigurationen keinen Nutzen mehr bieten, entweder weil Geheimdienste den Schwerpunkt ihrer verdeckten Kämpfe in andere Krisengebiete verlagern oder die Drogentransaktionen in weniger auffällige Kanäle umgeleitet werden, fallen sie

zuweilen dem Konkurs anheim. So geschah dies mit der in
Australien ansässigen Nugan Hand Bank.
Der Bankskandal begann die Ermittlungsbehörden und die
Öffentlichkeit in Australien zu beschäftigen, als 1986 der
Rechtsanwalt und Mitgründer der Bank, Frank Nugan,
nach einem angeblichen Selbstmord mit der Waffe in der
Hand in seinem Auto in Sydney in Australien aufgefunden
wurde. Wie zufällig trug er die Visitenkarte des
ehemaligen CIA-Direktors in seiner Tasche. Teilhaber der
Bank war der Amerikaner Michael Hand, ein in Fort Bragg
für den Guerilla- und Einzelkampf ausgebildeter Green
Beret aus dem Vietnamkrieg, der sich in Australien hatte
einbürgern lassen.
Als Gegenleistung erhalten die staatlichen Drogenfahnder
Erfolge zugeschustert, sei es, dass Konkurrenten verpfiffen
werden, sei es, dass Ware zur öffentlichkeitswirksamen
Beschlagnahme geradezu ausgelegt wird. Die
Veröffentlichung eines kriminalistischen Erfolges der
Drogenpolizei verweist daher im allgemeinen auf die
Verlagerung des Geschäftes auf eine andere Route oder auf
die Ausschaltung eines Konkurrenten bei gleichzeitiger
Absicherung und Stärkung der verdeckt fortlaufenden
Geschäfte der Hinweisgeber. [16]

In den USA ist im Zuge der Kreditmarkt- und
Hypothekenkrise die neunte Bank seit Jahresbeginn
zusammengebrochen.
Die Aufsichtsbehörden schlossen am Freitag die
Columbian Bank and Trust Company mit Sitz in Topeka
im Bundesstaat Kansas. Zuletzt war Anfang des Monats
die First Priority Bank aus Florida zusammengebrochen,
nachdem sie wegen Zahlungsproblemen vieler Hausbauer
in Kapitalnöte geriet. Die bislang folgenschwerste Pleite
seit Jahresbeginn war die Insolvenz des größten
unabhängigen börsennotierten US-Baufinanzierers
IndyMac, der nach einem Kapitalengpass vom Staat
übernommen wurde. [17]

Die wahren plötzlichen Hintergründe lassen sich nur
vermuten, wenn man weiß, dass Banken eine kurzfristige
(3Jahre-), mittelfristige (5Jahre-) und langfristige
(10Jahresplanung) Strategie führen und Fahren.
Es sei angemerkt das nicht alle „Bank-Konkurse" mit
diesen Machenschaften in Einklang zu bringen sind.

Neben der Krise zeigen die Aussagen von der Kanzlerin im
israelischem Knesset die weiteren Wege an. Die Banken
finanzieren nun mal auch Kriege.

Den Hintermännern der Zentralbanken, deren Gelder aus
dem Wirtschaftskreislauf entzogen werden gehört die Welt
plus 5%.

Wir sind im Netz der Schuldenspinne gefangen, wann
werden wir gefressen? Das Geldsystem sollte den
Menschen dienen und sie nicht durch ein Zinssystem
abhängig machen und zerstören.

Der Zinsmechanismus in unserer Volkswirtschaft

Die Konsumenten sparen einen Teil ihres Einkommens auf
dem Kapitalmarkt, da sie Zinsen bekommen. Ihr Geld wird
von den Unternehmen nachgefragt, um zu investieren. Hier
würde die Sparsumme gleich der Investitionssumme sein,
also eine optimale Verteilung darstellen. Da dies nicht
immer der Fall ist, tritt der Zinsmechanismus in Kraft, der
für einen Ausgleich zwischen sparen und investieren
sorgen soll. Wollen wenig Unternehmen investieren und
viele Bürger sparen, so sinkt der Zinssatz. Dies bewirkt,
dass weniger Bürger sparen und die Unternehmen
investieren können.
Investieren aber trotz niedriger Zinsen zu wenig
Unternehmen, beispielsweise wegen der Absatzprobleme,
so entsteht ein Ungleichgewicht. Der
Investitionsnachfragemangel könnte zu

Produktionsrückgang, Kurzarbeit und Arbeitslosigkeit
führen.
Die Sparer hingegen müssen nicht unbedingt einen hohen
Zinssatz haben, da sowieso nur das Geld gespart wird,
welches nicht verkonsumiert wird.
Dieser Anteil könnte auch zu Hause im Sparstrumpf
landen, wodurch er am Markt als Nachfragemangel auftritt.
Dies führt zu Nachfragemangel und Produktionsüberschuss
bis hin zur Deflation, was derzeit aktuell ist.
Genau das Phänomen passiert durch die Hochfinanz und
den Überreichen, die ihr Geld auf Steueroasen parken und
somit der Besteuerung und der Nachfrage im
Wirtschaftskreislauf entziehen.
Die Aufgabe der Regierung wäre es, hier Gesetze zu
erlassen und eine verschärfte Verfolgung über die
Exekutive zu forcieren. Die kosten der Exekutive würden
sich mehr als selber tragen und dem Volk sowie der
Wirtschaft gut tun.

Das Problem der Steueroasen

Als Steueroasen werden Staaten oder Inseln bezeichnet, die
einen sehr niedrigen bzw. keinen Steuersatz haben. Dieses
niedrige Steuerniveau bietet den Anreiz sein Vermögen
oder seine Einkünfte zum Zweck der Steuerhinterziehung
aus dem eigenen Land zu dieser Oase zu transferieren und
über den Weltkapitalmarkt zu mehren – ebenfalls
steuerfrei.
Bekannte Oasen sind die Karibik, Bermuda Inseln,
Seychellen, Daleware, Panama, Bahamas, Guernsey,
Vadus, Monaco, Jersey, Sark, Caymann Inseln, britische
Jungferninsel u.a.. Die Inseln sind riesige Finanzzentren, in
welchen sich hauptsächlich Banken und Rechtsanwälte
nieder lassen. Ein Eldorado für dieses Klientel.

Auf Jersey, einer britischen Insel nahe Frankreich, sind
beispielsweise die Deutsche Bank, Bank of India, die
schottische Bank, die Credit Suisse, die amerikanische

Citygroup, und andere viele kleine, private Banken präsent.
Der dortige Senator ist gleichzeitig Vizekanzler und
Finanzminister. Auf den Sparkonten dieser beliebten Insel
werden derzeit über 500 Mrd. $ an Privatvermögen
verwaltet, die nur noch auf dem Papier bzw. elektronisch
erfasst werden. Hier herrscht ein strenges rechtskräftiges
Bankgeheimnis auch, oder gerade gegenüber Behörden. [18]

Die Treuhandfirmen werden über die Rechtsanwälte
realisiert. Die wirklichen Beteiligten verstecken sich hinter
den Treuhandfirmen, ein Rechtsanwalt wird dann im
Namen der Firma tätig.
Die Treuhandfirmen geben somit reichen Menschen die
Möglichkeit, ihr Geld aus Europa, Asien, USA ohne sich
Outen zu müssen, auf dem Kapitalmarkt anzulegen, ohne
in ihrem Land Steuern zu zahlen. Treuhandfirmen sind
juristische Personen – nur die Firmen zählen, nicht die
Personen, welche dahinter stehen.
Dies nach geltendem Gesetz in der Oase. Ein perfekter Ort
für unsere Steuerhinterzieher. Nur durch diese eine Insel
werden dem Wirtschaftskreislauf über 500 Mrd. $
entzogen, also nicht nachfragewirksam. Von den weiteren
Zins- und Anlagegewinnen ganz zu schweigen.

Das Zusammenspiel funktioniert folgendermaßen:
Der in Deutschland lebende Steuerhinterzieher sucht sich
einen Anwalt im Ausland. Dieser wirkt als Treuhänder und
gründet für seinen Mandanten eine Offshore Gesellschaft,
eine Briefkastenfirma auf einer Karibischen Insel, der
Steueroase. Diese Firma gründet eine Tochter-Offshore-
Gesellschaft auf einer anderen Steueroase, wo der Name
des Firmeneigentümers der Mutter-Offshore-Gesellschaft
gesetzlich nicht genannt werden muss. Es reichen auch
Nummern, Codes und Kombinationen. [19]
Von hier könnte man noch weitere Verkettungen
herstellen. Umso mehr Länder ich in die Kette einbaue,
desto unterschiedlichere Gesetze sind vorhanden, was eine
Verfolgung der Hintermänner fast unmöglich macht.

Die steuerhinterziehende Hochfinanz hat mehrere anonyme Offshore-Gesellschaften, über welche sie ihre Gelder verteilen. Teilweise bieten die Treuhänder, also Rechtsanwälte, auch fingierte Rechnungen der einzelnen Gesellschaften untereinander an, was eine wahre Rekonstruktion der Kapitalherkunft fast ausschließt.

Juristen legalisieren hier Steuerhinterziehung mit legalen Gesetzen der Regierungen.

Für große Unternehmen, welche auch im Ausland ansässig sind, sind hier die Türen noch weiter geöffnet, als für private „Kleinhinterzieher" von einigen Mio.$.

Durch Anlagen und Transaktionen werden die Gelder der Banken in verschiedenen Ländern, mit verschiedenen Rechtssystemen angelegt, wodurch bewusst die Transparenz genommen wird, auch ein nachvollziehen und verfolgen wird so fast unmöglich. Mal sind es nur Nummern, mal Firmen, mal fiktive Namen, keine rechtsgültigen Auskünfte der Länderbanken und die Nachforschungen landen bei Null.

Ein aktueller Fall aus dem Februar 2010.
Die Bundesregierung will CD mit Namen von Steuerhinterziehern kaufen. Die Daten stammen nach Angaben mehrerer Quellen aus dem Bankhaus Credit Suisse. Interne Unterlagen der Bank aus dem Jahr 2004 legen dem Bericht zufolge den Verdacht nahe, dass mehr als 80 Prozent aller Deutschen, die ihr Geld bei Credit Suisse anlegten, ihre Zinserträge und das nicht nachfragewirksame Kapital vor dem Fiskus versteckten.

Die Bundesregierung, vorweg die Kanzlerin besteht auf die Herausgabe der CD.

Wenige Stunden vor einem geheimen Treffen der Finanzminister von Deutschland, Liechtenstein,

Luxemburg, Österreich und der Schweiz eskaliert der Streit um die CD mit den Namen der Steuersünder.
Ein Schweizer Nationalrat droht mit der Veröffentlichung aller Politiker-Namen, die in der Schweiz ein Konto führen. Bereits im März habe es ca. 400 Selbstanzeigen in Deutschland gegeben.
Nach der Drohung mit der Veröffentlichung aller deutscher Politiker-Namen wurde der Kauf von der Regierung abgesagt. Angeblich hätten sich mehr Steuersünder selbst angezeigt, als auf der CD seien. Und wer sind nun bitte diese Politiker gewesen?

Es wundert doch sehr, das jährlich massiv Gesetze ergänzt, geändert oder neu beschlossen werden, um den Bürgern weiterhin soziale Gerechtigkeit zu nehmen, nur zur Besteuerung der Hochfinanz und eine Aufhebung des Bankengeheimnisses gegenüber versteckten Geldern auf Steueroasen bleiben von der Regierung bewusst unangetastet.

Hierzu eine christlich und soziale Anmerkung: Der Reiche fragte: Guter Meister, was soll ich tun, dass ich das ewige Leben ererbe? Aber Jesus sprach zu ihm: Was heißest du mich gut? Niemand ist gut denn der einige Gott.
Du weißt ja die Gebote wohl: "Du sollst nicht ehebrechen; du sollst nicht töten; du sollst nicht stehlen; du sollst nicht falsch Zeugnis reden; du sollst niemand täuschen; ehre Vater und Mutter.
Er aber antwortete und sprach zu ihm: Meister, das habe ich alles gehalten von meiner Jugend auf.
Und Jesus sah ihn an und liebte ihn und sprach zu ihm: Eines fehlt dir. Gehe hin, verkaufe alles, was du hast, und gib es den Armen, so wirst du einen Schatz im Himmel haben, und komm, folge mir nach und nimm das Kreuz auf dich.
Er aber ward unmutig über die Rede und ging traurig davon; denn er hatte viele Güter. Und Jesus sah um sich und sprach zu seinen Jüngern: Wie schwer werden die

Reichen in das Reich Gottes kommen! Die Jünger aber
entsetzten sich über seine Rede. Aber Jesus antwortete
wiederum und sprach zu ihnen:
Liebe Kinder, wie schwer ist es, dass die, so ihr Vertrauen
auf Reichtum setzen, ins Reich Gottes kommen. Es ist
leichter, dass ein Kamel durch ein Nadelöhr gehe, denn
dass ein Reicher ins Reich Gottes komme – Evangelium,
Markus Kapitel 10.[20]

Zum Glück regiert uns seit 60 Jahren eine christlich-soziale
Kooperation. Viele Kleindelikte überlasten die Gerichte
und sind äußerst ineffizient. Warum geht keiner der
Exekutive dagegen vor?
Bedürftige Menschen, die über vier Jahre auf ihre soziale
Gerechtigkeit hoffen, und am Existenzminimum leben
müssen, weil die Gerichte angeblich überlastet sind, wobei
mehrere tausend Juristen arbeitslos sind. Was ist hier
bittschön christlich und was sozial? Was ist Blasphemie?

Warum werden hier keine Gesetze gegen Steueroasen
erlassen und das Bankgeheimnis bei Millionenbeträgen
und Verschiebungen der Kunden aufgehoben? Nicht die
200,- € Steuerstreitbetrag pro Bundesbürger sind relevant,
sondern die Mio. und Mrd. Euro pro Jahr, der
kapitalflüchtigen Inländer.
Wozu dient das Geldwäschegesetz, wenn die, für welche es
notwendig ist, es locker umgehen können. Die
Alibieinführung eines Geldwäschegesetzes, welches fürs
Kleingeld des Volkes erlassen wird.
Für die wahren Kapitalsünder, welche für das
Wirtschaftschaos verantwortlich sind, leiht sich unsere
Regierung die Augenbinde von Justitia.

Zentralbank und Geschäftsbank

Die Geschäftsbanken erhalten ihr Geld von den
Zentralbanken. Diese erhalten es gegen einen Zins von
beispielsweise 2%. Die Geschäftsbanken verleihen das

Geld zu beispielsweise 5% weiter, an ihre Kreditnehmer.
Der Zinssatz schwankt, wie wir oben schon gesehen haben.
Je nach Marktsituation nehmen Unternehmen Kredite zur
Neugründung, Expansion, neue Maschinen, usw. Bei einer
funktionierenden Rückzahlung erzielen die Geschäftsbank
und die Zentralbank einen Teilzinsgewinn.
Durch eine Produktionserweiterung müssen auch die
Kosten und der Gewinn vorfinanziert werden. Dies ist
durch weitere Kredite möglich. Entsteht in dieser Situation
eine inflationäre Gefahr, so soll die Zentralbank den
Leitzins lenken, kurz will man keine Kredite vergeben, so
wird der Zins sehr hoch sein und umgekehrt.

Aber nicht nur im Inland werden Kredite ausgegeben,
sondern auch fürs Ausland. Die Zentralbank im Land A
prüft, ob in einem Land B (Kreditnehmer) auch wirklich
Rohstoffe vorhanden sind, für welche es sich lohnt, Kredite
herauszugeben und wo effiziente Folgeaufträge relevant
werden könnten. Wenn nicht, sollten zumindest
Sicherheiten, ertragsreicher Grund und Boden vorhanden
sein. Es werden spezielle „Wirtschaftskiller" in Länder
gesandt, um zu sehen ob dort interessanter Boden und
Rohstoffe vorhanden sind, um dort über das Zinsträchtige
Kreditgeschäft an Länder und Rohstoffe zu kommen.

Wirtschaftskiller werden von Regierungen und Konzernen
eingesetzt, um Vorteile für die Zukunft zu sichern. Ihr Ziel
sind unterentwickelte Länder mit entsprechenden
Ressourcen, wie Erdöl, Gold, Erze, usw.. Hohe Kredite
werden dem ausgewählten Land geboten, welche durch die
amerikanische Weltbank, Tochterunternehmen oder
anderen finanzstarken Gläubigern finanziert werden. Das
Geld bekommt dann nicht das Land, sondern wenige
Entscheidungsträger und die Firmen, welche dort die
Unternehmen, Gebäude und Infrastruktur aufbauen. Das
Geld sehen sie fast gar nicht. Es fließt direkt zum Investor.
Die Bevölkerung bleibt arm. Die Folgen der Schulden trägt

dann die Bevölkerung. Meist so hoch, das sie niemals
zurück gezahlt werden können.
Bei dem Versuch die Schulden oder sogar die
Nachverschuldung zu tilgen, müssen dann in erster Linie
Einsparungen im Gesundheitswesen, bei sozialen
Leistungen und der Bildung in Kauf genommen werden.
Dies führt zu Todesfällen und zum gewünschten
Bildungsausfall.

In Deutschland sind hier starke Rückschritte mit gleichen
Tendenzen zu beobachten. Auch hier können die Schulden
und die Tilgungen bereits seit langem nicht mehr zurück
gezahlt werden.

Können die Schuldenraten weiterhin nicht getilgt werden
bleibt nur noch der zur „Sicherheit bei den Banken"
übertragene Grund und Boden, also die Enteignung bzw.
die Übernahme der Rohstoffe/Ressourcen.
In manchen Fällen setzt man die verschuldeten Länder
bzw. deren Regierung unter Druck, indem man für einen
etwas niedrigeren Zinssatz die Stimme des Landes bei der
nächsten UNO Abstimmung kauft.[21]

Es werden auch Forderungen an die zahlungsunfähigen
Länder gestellt, wie zum Beispiel Unterstützungen in
Krisengebieten durch Soldaten. Diese Marionettenspieler
der Hochfinanz herrschen über Gesetze, kontrollieren den
Internationalen Währungsfond und die Weltbank. Da sie
nicht nach außen hin auftreten und die Macht der
Verheimlichung haben sind Monarchien und Königshäuser
sicher involviert, und auch unter den Bilderbergern stark
vertreten.

Sehen wir uns unsere Deutsche Regierungsverschuldung
an und in welchen Kriegen wir derzeit beteiligt sind, so
wird einem nun sicher vieles klarer. Die Schlacht um die
Ressourcen hat bereits begonnen. Der frühe Vogel fängt

den Wurm. Deutschland ist unter den G8, aber wer sind die
„schwachen 50"?

Das glänzende Goldwährungssystem

Wir haben gesehen, dass ein Warentausch ohne
Geldsystem nicht funktioniert. Ein Tauschverhältnis wäre
beispielsweise ein Stuhl gegen einen Sack Birnen, wobei in
Betracht gezogen werden muss, das die Birnen sich
schwierig lagern lassen und voraussichtlich zur Hälfte
verderben werden. Dieser Tausch wäre unproduktiv, da
man ständig am Organisieren wäre, um die Waren los zu
werden, von denen zuviel vorhanden ist.

Um dieses Problem zu lösen könnte man vielleicht
Warengutscheine einführen. Die Beschäftigten von
Unternehmen S bekämen dann S-Gutscheine (US) und die
Beschäftigten von Unternehmen B erhielten B-Gutscheine
(UB). Diese könnten die Beschäftigten beliebig
austauschen, da die gleiche Menge an produzierten Waren
vorhanden ist, wie Gutscheine. Somit könnten die
Beschäftigten von Unternehmen S auch bei Unternehmen
B Waren kaufen und umgekehrt.

Gibt nun der Unternehmer S mehr Gutscheine heraus, als
durch seine Produktion gedeckt sind, so besteht eine
Inflationsgefahr. Die Beschäftigten von Unternehmen S
müssten nun 2 Gutscheine (US) für ihr Produkt aufbringen.

Da der Gutscheinwechsel auf 1:1 festgelegt wurde, jedoch
bei ehrlichem Verhältnis 2 US : 1 UB stehen müsste,
kommt es zum Vorteil für die Beschäftigten des
Unternehmens S, da die Beschäftigten von Unternehmen B
ja 2 US für ein Produkt aufbringen müssten. Also ein
Nachteil für die Beschäftigten von Unternehmen B.

Die Beschäftigten von Unternehmen S hingegen wären im
Vorteil, da sie durch den festen 1:1 Gutscheinwechselkurs

mehr Produkte bei Unternehmen B kaufen könnten.

Das „Gold"-Weltwährungssystem bis 1973 verlief nach
fast dem gleichen Prinzip. Nach dem zweiten Weltkrieg
kam es im Juli 1944 in Bretton Woods (USA-New
Hampshire) zum System fester Wechselkurse. Ein
Abkommen der internationalen Währungsordnung,
welches für internationale Stabilität und Wachstum sorgen
sollte.
Der US-$ wurde Leitwährung mit Goldeinlösungsgarantie
der Fed (private Fed Federal Reserve Bank of New York).
Die Parität lag bei 35,-$ pro Feinunze (31,1 Gramm) Gold.
Zur Kontrolle und Durchsetzung dieses Abkommens
wurden die Weltbank und der Internationale
Währungsfond (IWF) gegründet. [22]
Die private Fed verpflichtete sich die Parität des
Goldwertes durch An- und Verkäufe zu sichern. Der Dollar
bekam sein Weltwährungsprivileg, was bedeutet, das die
Zentralbanken der Länder verpflichtet waren, den Dollar
am Devisenmarkt zu kaufen und in nationale Währungen
einzutauschen. Als Sicherheit sollten die hohen
Goldreserven der USA dienen.
So haben die USA ihre Geldmenge und die Preise erhöht,
ohne das sich ihre Inlandsproduktivität (BIP) groß
steigerte. Dies führte im Inland der USA zu einer
hausgemachten Inflation.

Profitiert haben davon erst einmal die verschuldeten
Gruppen. So brauchten beispielsweise Unternehmen in den
USA bei festgesetztem Zins weniger zurück zu zahlen und
konnten zusätzlich noch Inflationsgewinne machen.

Die Geschädigten waren vor allem die Arbeitnehmer,
welche feste Einkommen hatten und merkten, wie ihre
Kaufkraft sank. Die Inflation wechselte zu anderen
Ländern über, da diese ja den Dollar kaufen mussten,
wurden sie ebenfalls zu einer Geldschöpfung getrieben.
Eine aufgezwungene Inflation.

Dies kann man sich anhand zweier Gefäße vorstellen, die
im unteren Bereich miteinander verbunden sind. Gießt man
in ein Gefäß Wasser, so steigt der Wasserspiegel in beiden
Gefäßen gleichhoch an.

Die BRD trat 1949 dem Abkommen bei, man war ein von
den Alliierten kontrolliertes Land und durfte kaum
eigenständig entscheiden.
Auf Grund des Abkommens musste nun auch die BRD
Geld (damals DM) zum Dollarkauf drucken und bekam
dadurch immer größere Dollarreserven, die keinen
Gegenwert besaßen. Durch diesen Zwangsumtausch hatte
die USA die Möglichkeit, sich auf dem deutschen und
europäischen Markt mit einer Art Supermarktprinzip zu
bedienen und billig einzukaufen.

Die Kaufkraft der USA stieg also drastisch an. Hier wurde
schon der Grundstein für die Globalisierung und
Privatisierung gelegt. So konnten die USA günstig von
deutschen Konzernen und Unternehmen Aktienpakete
kaufen und ihre Interessen infolge der Mitbestimmung
durchsetzen. Somit entstand die Macht, politischen
Einfluss zu nehmen und ins BIP fremder Länder des
Bretton Woods Abkommens einzugreifen. Mit diesem
Vorgehen verschafften sich die USA u.a. eine Finanzierung
ihres Vietnamkrieges.

Ein inflationäres Entgegenwirken für die damalige BRD
und andere europäische Länder hätte nur durch eigene
expansive Geldmengenerhöhung erfolgen können, was
dann einer eigenen hausgemachten Inflation gleich käme.
Andererseits könnte in solchem Fall die Einnahmen- und
Ausgabenpolitik dem Wirtschaftskreislauf auch Geld
entzogen werden, was einem Gegensteuern gleich käme,
nur wäre dann wieder der Druck der Dollarschwemme
durch feste Wechselkurse vorhanden.

In einer stabilen Wirtschaft muss sich die Geldmenge

entsprechend dem BIP entwickeln, da für die
entsprechenden Waren auch die entsprechende Geldmenge
vorhanden sein muss.
Ein Goldpreis lässt sich nicht an die Warenmenge
anpassen. Eine Inflation ist/wäre demnach
vorprogrammiert.

Ferner existieren nur ca. 16.000 Kubikmeter Gold auf der
Erde (2010). Ein durchschnittliches Hochhaus. Nur allein
Deutschland besitzt derzeit Schulden in Höhe 1.600Mrd. €
und Zinsen (bei 4%) in Höhe von 64 Mrd., die sich jährlich
im Zinseszins erhöhen. Wer sollte das Gold, wie und
wohin transferieren? Hier landen sie wieder beim
Quittungsgeld.

Als sich 1971 ein europäisches Mitgliedsland mit dem
Gedanken spielte, sich sein Gold auszahlen zu lassen, kam
der Crash. Richard Nixon gab die Aufkündigung der
Verpflichtung zur Goldeinlösung bekannt. Damit starb der
feste Wechselkurs und es kam zur Freigabe der
Wechselkurse.

Nur ein Imperium kann der Welt seine Währung
aufzwingen. Nachdem es zur Freigabe der Wechselkurse
kam, haben die USA Abkommen mit den arabischen
Ländern getroffen, das Erdöl weltweit in Dollar gezahlt
werden muss. Andere Länder müssen demnach vorab
Dollar kaufen, um dann Öl kaufen zu können. Kommt
ihnen der Effekt bekannt vor?

Ressourcenexperte J. Perkins, der Expertisen für
hochwertige Rohstoffe in fremden Ländern im Auftrag von
US Konzernen und Regierung erstellte meint, dass Saddam
Hussein sich vom Dollar lösen, und Öl auch an andere
Länder und Währungen verkaufen wollte. Viele Versuche
der US Regierung, den Irak umzustimmen halfen nicht. Er
lies sich nicht bestechen. Wegen seiner vielen
Doppelgänger konnte man ihn auch nicht liquidieren, um

dann eine entsprechenden Staatsführer mit US Interessen
zu implementieren. Hätte er nachgegeben, würde er heute
noch regieren. Also half nur der Krieg, für welchem
entsprechende Gründe gefunden werden mussten.[23]
Welche Gründe legitimieren einen Krieg?

China will den Dollar als Weltwährung ebenfalls nicht
akzeptieren. Die derzeitigen Ungleichgewichte müssen
dort aufgehoben werden. Das Wachstum in China ist
exponentiell steigend. China wächst, aber die Unterschiede
in der Einkommensverteilungen sind noch zu hoch. Dies
wird zu weiteren internen Spannungen in China führen.
Ziele wie soziale Stabilität und faire Einkommen sind auch
hier die Grundlage einer positiven Entwicklung.
Hoffentlich bekommen wir nicht von einer üblen
Sarsmutation, oder Naturkatastrophen mittels Tachyonen,
Neutrinos oder HAARP zu hören, wie beispielsweise aus
Haiti. Stellt sich die Frage, welcher Pharmakonzern hätte
nach 1-2 Monaten bereits einen wirkungsvollen Impfstoff,
wer schickt sofort seine „Hilfstruppen"?

Wer das Zusammenspiel von Geldmenge und BIP kennt,
der stellt sich die Frage, wie funktioniert das mit dem Euro
und den vielen unterschiedlichen Mitgliedsstaaten der EU.
Dies ist spannender als ein guter Krimi und sollte ruhig am
Stammtisch diskutiert werden.

Die Goldmenge der Welt. Wir gehen von einem Würfel
mit der Kantenlänge von 25x25x25 (in Meter) aus. Ein
Goldbarren hat die Abmaße (in cm) 12x5x0,8. Dies wären
pro qm 20.750 Barren. Multipliziert mit 25 wäre ein hohes
Türmchen (Höhe)= 518.750 dies dann x 25= 12.968.750
(Länge) x25 (Breite) = 324218750 Kilo-Barren x 30.000,-
€ = 9.726.562.500.000,- € (Mai 2010).
Aber trösten sie sich, der Besitz des Goldes wurde schon in
der Vergangenheit bei Strafe verboten und von der
Hochfinanz gehortet. Wer Goldgeld brauchte musste
Zinsen zahlen, und alles beginnt von vorn.

Die klare Ankündigung der Regierung

Hinterher ist man immer schlauer – aber wer ahnte schon,
dass es so schlimm kommt. Mit dieser Rede hat die
Regierung bereits vor „ihrer Politik" gewarnt, den
verkehrte Welt scheint ein politisches Monopoly zu sein.
Wir decken das auf.
Mit Eintritt in die Europäische Union haben die viele
deutschen Politiker bereits gewusst, worauf sie sich
einlassen. Basis waren die Römischen Verträge. Hier
wurde der Grundstein für die Globalisierung gelegt.[24]
Die aktuellen Sprüche von Frau Merkel, die zum Zeitpunkt
der Gründung drei Jahre alt war sind nicht
realitätskonform. Vielleicht hatte sie in 40 Jahren DDR
auch zu viel „Gutes" gelehrt bekommen, denn über die
Grenze in den Westen durften die Bürger bei Todesstrafe
nicht. Bekanntlich war sie zu DDR-Zeiten FDJ-Sekretärin
der Abteilung Agitation und Propaganda und aufgrund
dessen vertrat sie oft und gern die „Vorzüge des
Regimes".[25]

Egal was sie sagt, die Richtung ins Monopol wird durch
die Globalisierung folgen. Vorab kommt ein schöner
schwarzer Freitag an der Börse, an welchem sich die
„Hochfinanz" an der gehobenen Mittelschicht im Volk
bereichert. Dies in absehbarer Zeit.

Alle Aussagen der Frau Merkel laufen jedenfalls nicht mit
ihren Handlungen konform. Alles nur um Wählerstimmen
zu erhalten und die Wähler dann zu hintergehen. Dies gilt
für Globalisierung und Soziale Marktwirtschaft und
genauso für ihre Steuerlügen.

Eine Klausurfrage im Fach Wirtschaft und Sozialkunde für
Kaufleute lautet:
Die Bundesregierung hat durch Steuersenkung,
Investitionszulagen und Gewährung von

Abschreibungsmöglichkeiten die wirtschaftliche Situation so "angekurbelt", dass die Nachfrage schneller als das Angebot steigt und die Produktionskapazitäten der Industrie sich der vollen Auslastung nähern. Für welches im Rahmen des Gesetzes zur Förderung der Stabilität und des Wirtschaftswachstums (Stabilitätsgesetz) anzustrebende Ziel sind in unmittelbarer Folge einer solchen Situation negative Auswirkungen zu erwarten? - Diese Aufgabe konnten SPD/CDU seit 60 Jahren nachweisbar nicht praxisorientiert lösen. Dazu folgen die beweisbaren Aussagen und Handlungen mit Anmerkungen.

Rede der Vorsitzenden der CDU Deutschlands, zur Festveranstaltung „60 Jahre CDU"

Es gilt das gesprochene Wort.
Wir haben soeben Vieles gehört über die große Geschichte der CDU. Lieber Helmut Kohl, ich danke Ihnen für den eindrucksvollen Blick auf das Erbe unserer Partei. Wir alle haben gespürt: Hier spricht jemand, der ein wesentliches Stück der Geschichte unserer Partei und unseres Landes verkörpert. Hier spricht jemand, der mehr als jeder andere unsere Partei mit geprägt hat. Lieber Helmut Kohl, ich danke Ihnen dafür. Wir sind froh, dass Sie zu uns gehören.

Liebe Freunde, Sie alle werden sicher mit mir sagen: 60 Jahre CDU - ja, das waren wichtige Jahre für unser Land. Das waren Jahre großer politischer Erfolge, Jahre begeisternder Ideen und großartiger Persönlichkeiten. An den Anfang jedoch möchte ich nicht Leistungen, nicht Programme und nicht Personen stellen. An den Anfang möchte ich etwas Anderes stellen: eine Haltung. Eine Haltung, die kennzeichnend ist für den politischen Charakter der Christdemokraten.
Wir sind nicht einer Ideologie verpflichtet. Wir sind nicht der politische Arm einer Klasse, einer Gruppe oder eines Einzel-Interesses. Christlich-demokratische Politik hat sich nie als „Abrücken von" bestimmt, sondern stets als

133

„Einstehen für": das eigene Land, für die europäische
Einigung, für die transatlantische Partnerschaft, für die
Soziale Marktwirtschaft, für Freiheit und Verantwortung.

*Anmerkung: Ein Widerspruch - eigenes Land und
Europäische Union. Hierdurch kommt es zu einer
Angleichung der Staaten in sich! Wirtschaftlich starke
Länder, wie Deutschland werden geschwächt – schwache,
wie Portugal werden gestärkt. Ein Beispiel zeigt die
Abwanderung der Speditionen aus Deutschland bis 2000.
Grund: Hohe Besteuerung der Speditionsunternehmen,
keine Subventionen, hohe Löhne… hingegen in Portugal
Subventionen, niedrigere Steuersätze, weniger
Betriebsräte, niedrigere Löhne. Trotz EU.
Das Abwandern und die Insolvenzen der Multinationalen
Konzerne aus Deutschland war vorprogrammiert. Siehe:
Holzmann, BMW, Nokia, Daimler, Siemens, Henkel, PIN
AG… usw.
Ferner steigen die Insolvenzen an, derzeit auf 35.000 pro
Jahr und die Volksvertreter zaubern sinkende
Arbeitslosenzahlen aus ihrem Hut, wie wir bereits
erkennen konnten.*

Lassen Sie es mich auf den Punkt bringen: Unsere
Motivation heißt Deutschland. Unsere Verpflichtung gilt
dem Wohlergehen der Menschen. Diese Verpflichtung ist
das Herzstück unseres politischen Auftrages. Das macht
den Dienst für unser Land aus.

*Anmerkung: Motivation Deutschland? Wohlergehen der
Menschen? Steigende Freisetzung von Arbeitskräften
durch Abwanderung von Unternehmen, wodurch die
Nachfrage an Konsumgütern fällt, was wiederum zu
weiteren Nachfragerückgang an Produkten und somit zu
Entlassungen führt.
Nach dem zweiten 3 monatigen Kurs gelten die Teilnehmer
als „überqualifiziert". – Klar Frau Merkel, die
Unternehmen reißen sich um 55 jährige mit einer 3*

Monats-Zertifizierung, aber nur in der Politik. Umschulungen, die über ca. 2,5 Jahre gingen, wurden von den Volksvertretern dagegen gestrichen, obwohl hier noch echte Chancen für die Teilnehmer bestanden hat. Das duale, vorbildliche Ausbildungssystem wird durch Kurzzeit Zertifikate ausgetauscht. Wieder ein Schritt zurück.

Es ist ein Dienst an der Freiheit, an der Herrschaft des Rechts, an der Einheit unserer Nation, am Frieden in Europa und der Welt. „Einigkeit und Recht und Freiheit [...] sind des Glückes Unterpfand", heißt es im Deutschlandlied. Dieser Gedanke ist unsere Antriebsfeder. Er ist Richtschnur unseres Handelns.
Mehr noch als all die Leistungen, die Programme, die Personen der CDU ist es diese Haltung, die fast 600.000 Mitglieder eint. Diese Haltung macht die Kraft der Union aus. Getragen wird die Union dabei von dem Engagement der vielen Tausend ehrenamtlichen Freunde. Sie und niemand anders, liebe Freunde, gehören deshalb in den Mittelpunkt unserer Feierstunde. An Sie richte ich meinen Dank! Vor Ort, da wo Sie täglich Ihren Kopf für das hinhalten, was wir beschließen und vereinbaren, da schlägt das Herz unserer CDU. Ich danke Ihnen für alles, was Sie der CDU Gutes tun.

Anmerkung: Frau Merkel sagt EHRE und AMTLICH. Freunde der freien Unternehmen, die gern spenden und uns finanzieren, damit wir als Partei ihre Interessen vertreten. Sie sind unsere Freunde UND – wie Frau Merkel bemerkt – NIEMAND ANDERS? Hat sie da ihre Rede vor dem Knesset vergessen? Nein, ihre Souffleure vergaßen das!

60 Jahre CDU - das sind 60 Jahre Zukunft. Das ist nicht einfach ein Blick zurück, das ist nicht nur das Schwelgen in Erinnerungen, das ist nicht nur die Besinnung auf Vergangenes. Das ist Vergangenheit, die uns eine Pflicht für Gegenwart und Zukunft auferlegt.

Die CDU war und ist immer die Partei des Neubeginns in Deutschland. Die CDU war und ist nie eine Partei, die Angst hat. Wir haben keine Angst vor wegweisenden Entscheidungen. Vor bahnbrechenden Entwicklungen. *Anmerkung: Vergangenheit in Zukunft umwandeln? 60 Jahre? War den die CDU in der DDR mit dem gleichen demokratischen Parteiprogramm vor Ort? NEIN! Ein großer Patzer. 20 Jahre CDU in westlichem Sinne wären ehrlicher.*
Ich denke, jeder spürt es: Auch heute erleben wir wieder bahnbrechende Entwicklungen. Auch heute steht unser Land wieder an einer entscheidenden Weggabelung. Lassen Sie uns heute aber nicht zuerst mit den Schwierigkeiten unseres Landes beginnen. Lassen Sie uns anders beginnen. Mit dem Klang dieses Landes. Mit den Verheißungen, die dieser Klang bei jedem von uns auslöst:

• Denn Deutschland - das verheißt Chancen für jeden. Die Chance, etwas zu erreichen für sich und für seine Familie. Die Möglichkeit, teilhaben zu können an einem erfolgreichen Gemeinwesen. Aus den Ruinen des 2. Weltkrieges entstand das Wirtschaftswunder, die Wachstumslokomotive in Europa. Und immer noch steht „Made in Germany" weltweit für die Chancen einer leistungsfähigen Gesellschaft.

Anmerkung: Der Satz kommt von den Engländern/Alliierten und war Produktbezogen. Er wurde nach dem 2.WK gebildet, um deutsche Waren zu kennzeichnen. Sie sollten nicht gekauft werden. Boykott gegen die Deutschen. Durch gute Qualität und hervorragende deutsche Arbeitskräfte wurde aus dem degradierenden Mal ein Qualitäts-Marken-Zeichen. Nun raten sie mal warum dies aktuell nicht mehr so ist?

• Deutschland - das verheißt neue Ideen. Die Möglichkeit, Neues zu wagen, Probleme zu lösen, Herausforderungen zu bestehen, dem Fortschritt Raum zu geben, seien es wissenschaftlich-technische Erkenntnisse, seien es politische Ideen. Das Grundgesetz, die Soziale Marktwirtschaft, die duale Berufsausbildung oder die deutsche Universitätsidee - das sind auch Inspirationen für andere Länder gewesen.

Anmerkung: Tja, da waren doch noch die Computerfachkräfte, die aus Indien nach Deutschland geholt wurden. Bilden unsere Prof´s an den Universitäten so schlecht aus, dass wir keine eigenen Computerexperten haben? Vielleicht hätte sich Frau Merkel mal an einen Computerclub aus Deutschland wenden sollen, oder wäre das zuviel Chaos.Natürlich! Man wollte aus „höherer Ebene" sehen, wie man mit der Bevölkerung „spielen" kann! Ein netter psychologischer Test, wie weit man das Volk treiben/bevormunden kann.

Wie auch kleine Kinder ihre Grenzen abstecken. Der ruhige Bürger und die Prof´s der Wissenschaft – keiner wehrt sich. Also auf zum nächsten Streich!

• Deutschland - das verheißt Zusammenhalt. Ein Land, in dem jeder für sich und andere gibt, was er kann, und keiner fallengelassen wird, weil er nicht mehr kann. Das ist soziale Partnerschaft, sozialer Ausgleich.

Anmerkung: Soziale Partnerschaft, keine wird fallen gelassen, die Renten sind sicher (sagte einst Norbert Blüm)-schöne Wörter, aber leider ohne Halt. Renten ade, wer keine 10,-€ für den Arzt hat wird kranker, weiterer Abbau im Gesundheitswesen von Krankenschwestern und Ärzten, damit die Bürger ja nicht so alt werden. Dies spart Renten-Kosten und lässt bezüglich der Schweinegrippe und deren fast Zwangsimpfung neue Fragen aufkommen. Ich bin sicher, in 2010 werden weitere soziale Leistungen gestrichen.

Chancen, Ideen, Zusammenhalt - das ist der Klang unseres
Landes. Dass die Wirklichkeit in Deutschland heute weit
dahinter zurück bleibt, das wissen wir. Dass der Klang
unseres Landes dennoch ein anderer als unsere
Wirklichkeit heute ist, auch das wissen wir.
Deutschland muss nicht neu erfunden werden. Wahrlich
nicht. Aber wir wissen: Die Aufgabe, vor der wir heute
stehen, ist groß:

• Innenpolitisch brauchen wir eine veränderte
gesellschaftspolitische Architektur, um die materiellen, die
sozialen und die moralischen Werte unseres Landes
zukunftsfähig zu machen. Ein „Weiter so" geht nicht mehr.

Anmerkung: Kommt durch mehr religiöse Freiräume.

• Europapolitisch brauchen wir eine neue Verständigung
über Ziele und Grenzen. Das Verständnis von Europa als
Teil der Außenpolitik ist veraltet. Wir müssen Europa als
Gegenstand der Innenpolitik begreifen und praktizieren.
Um die Bürger nicht für Europa zu verlieren, gilt auch hier:
Ein „Weiter so" geht nicht mehr. Beides - die
Veränderungen im Inneren wie auch die Veränderungen
nach außen - führen uns zum Kernproblem unseres Landes:
Es ist das Vertrauen in Politik und politisches Handeln, das
nachhaltig gestört ist.
Man traut sich ja schon gar nicht mehr, darüber zu
sprechen, inwieweit Politiker Vorbild sein könnten, ja
sogar sein müssten. Vielleicht führt das auch zu weit, aber
ich finde, wir müssen uns wenigstens wieder Gedanken
darüber machen, wie Politiker neues Vertrauen gewinnen
können, wie sie gewonnenes Vertrauen nicht sofort wieder
enttäuschen, wie sie gewonnenes Vertrauen also auch
wieder rechtfertigen können.

*Anmerkung: Vorbild und Vertrauen. Ein aktuelles Beispiel:
Bei einem Volksentscheid in Berlin waren ca. 250.000
Menschen für den Erhalt des Flughafen Tempelhof.*

*174.000 Stimmen hätten bereits genügt. Trotzdem setzt sich
der Berliner Bürgermeister über die Stimme des Volkes
gnadenlos hinweg. Die ReGIERung sollte vor dem Volk
Angst haben und nicht das Volk vor der Regierung, den
diese sollen Volksvertreter im Interesse des Volkes sein
und nicht Vertreter ihrer eigenen Interessen.*

Vertrauen gewinnen - das und nichts anderes ist die
entscheidende Voraussetzung für die Gesundung unseres
Landes und die Gesundung Europas. Das und nichts
anderes wird auch im Mittelpunkt des
Bundestagswahlkampfes stehen.
Vertrauen gewinnen - die Geschichte unseres Landes und
die Geschichte der CDU zeigen uns, worauf es dabei
ankommt:

• Es kommt an auf eine Politik, die keine Angst hat,
sondern Mut. Mut zur Auseinandersetzung, um eigene
Überzeugungen auch gegen Widerstände zu behaupten und
durchzusetzen. Es bedurfte im Übrigen trotz aller
Angepasstheit auch dieses Mutes, sich in der früheren
DDR zur Ost-CDU zu bekennen. Wer das getan hat, der
hat auf Karrierechancen verzichtet, der hat Nachteile in
Kauf genommen. Das sollten wir nie vergessen.

• Es kommt an auf eine Politik, die nicht auf Feindbilder
setzt, sondern die die Kraft zum Konsens hat. Konsens, der
nach Kontroversen neue Gemeinsamkeit stiften kann.

• Es kommt an auf eine Politik, die sich nicht in
Beliebigkeit verliert, heute so und morgen so, sondern die
das Bekenntnis zu einem Kompass wagt. Ein Kompass, der
die Wertegebundenheit unserer Politik verbürgt.
Auch in der Politik gilt: Wer nicht wagt, der nicht gewinnt.
Anders gesagt: Wer wagt, der gewinnt. Wer sich selber
etwas zutraut, der gewinnt das Vertrauen der Menschen.
Die Geschichte der CDU steht dafür:

• Konrad Adenauer hat gegen tiefe Zweifel und erbitterte
Widerstände die Einbindung der Bundesrepublik
Deutschland in die Wertegemeinschaft des Westens
durchgesetzt. Heute können wir sagen: Die Verantwortung
Deutschlands für die europäische Einigung, für die
transatlantische Partnerschaft, für die Existenz Israels - all
das gehört zum Kern der Staatsräson unseres Landes und
zur Räson unserer Partei.

• Ebenfalls bei zum Teil großem Widerstand hat Ludwig
Erhard die Soziale Marktwirtschaft entwickelt. Als Konrad
Adenauer in seiner ersten Regierungserklärung 1949 auf
das „Prinzip der Sozialen Marktwirtschaft" zu sprechen
kam, vermerkte das stenographische Protokoll des
Deutschen Bundestages - ich zitiere: „Lachen links". Heute
können wir sagen: Auch links lacht niemand mehr darüber.

• Und wieder gegen erbitterten Widerstand hat Helmut
Kohl am Nato-Doppelbeschluss und an der Nachrüstung
festgehalten. Heute wissen wir: Die Wiedervereinigung
unseres Landes wäre ohne diese Konsequenz im Denken
und Handeln nicht denkbar gewesen.
 Politik ohne Angst. Politik mit Mut - das ist heute erneut
gefragt. Denn wir haben wahrlich keinen Rechtsanspruch
auf Demokratie und soziale Marktwirtschaft auf alle
Ewigkeit. Unsere Werte müssen sich auch im Zeitalter von
Globalisierung und Wissensgesellschaft behaupten. Und
wenn sie sich behaupten sollen, dann müssen wir bereit
sein, die Weichen richtig zu stellen. Auch da sind wieder
Widerstände zu überwinden. Es sind wieder Prioritäten zu
setzen. Ist dem Wichtigen der Vorrang vor dem weniger
Wichtigen zu geben.

*Anmerkung: Von gerade 18% der Bevölkerung
vertrauensvoll gewählt. Wer bestimmt was wichtig und was
weniger wichtig ist? Umsatzsteuerlüge! Flughafen
Tempelhof, Renten, Krankenkassenreform,…*

Viele in der Politik argumentieren ja oft und gerne mit Sachzwängen, die sie daran hinderten, dieses oder jenes genau jetzt zu tun. Ich will nicht näher bewerten, wie viel davon wahr ist oder wie viel Ausrede, aber ich sage klar: Für uns gibt es nur einen einzigen Sachzwang, dem wir unterliegen, und der heißt, Menschen in Arbeit zu bringen. Diesem Sachzwang hat sich alles unterzuordnen. Das ist die Priorität für CDU und CSU.
Dazu, ich habe es bereits mehrfach gesagt, müssen wir uns auf einen Grundgedanken der Sozialen Marktwirtschaft besinnen. Arbeit braucht Wachstum, und Wachstum braucht Freiheit. Unser Staat ist überfordert. Wir müssen ihn wieder befähigen, seinen Aufgaben für die Menschen nachkommen zu können.

Anmerkung: Menschen in Arbeit bringen, indem sie die Lebensarbeitzeit verlängert und somit mehr Arbeiter auch Arbeit suchen? Die Schulzeit von 13 auf 12 Jahre zu reduzieren, damit noch mehr nach Arbeit nachfragen? Wie sehr werden wir hier für dumm verkauft, für gewollte Phänomene der Hochfinanz. So kann die Regierung eindeutig nicht mehr Menschen in Arbeit bringen, kein Wachstum erreichen und auch nicht ihrer Aufgabe das Stabilitätsgesetz zu erfüllen nachkommen.

§1 Stabilitätsgesetz (Erfordernisse der Wirtschaftspolitik)Bund und Länder haben bei ihren wirtschafts- und finanzpolitischen Maßnahmen die Erfordernisse des gesamtwirtschaftlichen Gleichgewichts zu beachten. Die Maßnahmen sind so zu treffen, dass sie im Rahmen der marktwirtschaftlichen Ordnung gleichzeitig zur Stabilität des Preisniveaus, zu einem hohen Beschäftigungsgrad und außenwirtschaftlichen Gleichgewicht bei stetigem und angemessenem Wirtschaftswachstum beitragen.
Wissen Sie eigentlich, meine Damen und Herren, nach welchen Kriterien in Deutschland zum Beispiel Plätze auf einem Jahrmarkt vergeben werden?

Anmerkung: NEIN! Und das will auch keiner wissen. Man erkennt die lächerliche Einstellung zur Politik und ihre unrealistische Argumentation. Zum Glück gibt es keine Studie über Politiker und logischer Argumentation, da dies weit schlechter als die PISA Studie ausfallen würde.

Nicht einfach danach, wer vielleicht das interessanteste Angebot macht. Es geht vielmehr nach der Kategorie „Bekannt und bewährt". Gut, bekannt und bewährt, das ist in Ordnung.
Aber nur so lange, wie es Neues und Wagemutiges nicht von vornherein ausschließt oder behindert.

Anmerkung: Zum Beispiel bekannt und bewährtes MADE IN GERMANY, das auf Grund des Wechselkurses € zu $ nicht gekauft werden kann. Die deutschen Waren sind auf dem Weltmarkt zu teuer. Sie werden nicht gekauft. Die Nachfrage sinkt. Die Auslastung geht zurück. Arbeitskräfte werden nicht mehr benötigt und werden entlassen und die Wirtschaft der deutschen vernichtet. Was für eine Regierung? Was für eine Rede?

Oder spricht es nicht eigentlich für den Realitätssinn der Deutschen, dass sie konsumunlustig sind und sparen? Sie tun das, weil sie spüren, dass die staatlichen Sozialsysteme nicht mehr stark genug sind und sie sich deshalb selbst für schlechte Zeiten wappnen sollten.
Zwei Beispiele, die zeigen, dass wir umsteuern müssen, dass wir entscheidende Weichenstellungen vornehmen müssen:

• für Sozialreformen, die Leistungsanreize setzen und soziale Sicherheit wieder zukunftsfähig machen;
Anmerkung: Reformen die einen Schritt zurück gehen! 10€ Eintritt beim Arzt, Zuzahlungen, Streichungen, wohin man sieht. Das neue Sparpaket vom Juni 2010 ist wiedereinmal eine Frechheit und Unverschämtheit am deutschen Volke.

Man merkt wer dahinter Steckt, die Hochfinanz, da sonst
eine Großverdiener Besteuerung erfolgen müsste, um den
Staat zu retten. Dies scheint die Regierung nicht zu wollen.

• für einen flexiblen Arbeitsmarkt, der Teilhabe sichert und
Ausgrenzung verhindert;

*Anmerkung: Ja, der Verteidigungsminister wird
Verkehrsminister. Die Minister tauschen einfach mal die
Ministerien, siehe Schäuble, van der Leyen, u.a. . Dann
kann das auch mal ein Vorstand Herr Ackerman mit
Reinigungskraft Herrn Mayer.*

• für ein kinderfreundliches Land, das die Vereinbarkeit
von Familie und Beruf erleichtert;

*Anmerkung: Ja, so das Mütter die arbeiten gehen wollen
keinen Kita Platz bekommen und daher schon nicht
arbeiten gehen können. Ladenöffnungszeiten von 6.00 bis
22.00 Uhr, Kitaöffnung bis 17.00 Uhr. Sehr lustig. Die
Reduzierung von Kita Betreuerinnen und Pädagogen
helfen sicher den Müttern bei der Arbeitsplatzsuche, aber
entschuldigen sie bitte Frau Merkel, sie hat ja keine
Kinder. Woher soll sie das wissen? Dafür hat sie Kristina
Schröder die Familienministerin, die keine Kinder hat. Es
wird immer schlimmer...*

• für Bildung und Innovation, die unser Land wieder nach
vorne bringen;

*Anmerkung: Mit diesem Schulsystem? Ausfallzeiten,
Kranke Lehrer, Wandertage, Reduzierung der Lernzeit,
Gemeinschaftsschulen an der Oberschule, damit noch
mehr Rückläufigkeit entsteht, eine Kette ohne Ende.*

• für eine Befreiung von Bürokratie, die die vorhandenen
Energien der Menschen frei setzt und entwickelt

• für eine deutliche Vereinfachung des Steuerrechts, die fairen Wettbewerb fördert und staatliches Handeln wieder nachvollziehbar macht.

Anmerkung: Wird von Jahr zu Jahr gewollt undurchsichtiger. Denken Sie an die gewollte Streichung der Fahrtkosten zur Arbeit – das Kilometergeld. Jetzt, im Juni 2010 die aktuelle Streichung des Elterngeldes, das gerade mal für die von der Regierung ebenfalls gestrichenen Gelder der Schulbücher ausreichte.

• all das bei überschuldeten Kassen, in die wieder Solidität einkehren muss.

Anmerkung: Die unsere Regierung über 60 Jahre selber produziert hat. 1,6 Billionen Euro Regierungsschulden! Das war es dann wohl.

Ich weiß, heute werden unsere Reformkonzepte von nicht wenigen als zu weitreichend empfunden und kontrovers diskutiert. Aber ich bin überzeugt: Morgen werden sie die Grundlage für ein neues gemeinsames Verständnis sein. Bei aller Kraft zur Auseinandersetzung - wir haben immer eine Politik der ausgestreckten Hand der Partnerschaft verfolgt, nie eine Politik der geballten Faust des Klassenkampfes. Dafür steht schon allein der Begriff der „Union". Unsere Gründer haben damit das Besondere der neuen Partei gekennzeichnet. Die CDU passte nicht in das gewohnte Schema. Sie war weder rechts noch links.
Union - das meinte vor allem den epochalen Brückenschlag zwischen evangelischen und katholischen Christen. Für die gemeinsame Verantwortung für Staat und Gesellschaft.
Gemeinsamkeit in den Grundwerten, Gemeinsamkeit von Menschen verschiedener gesellschaftlicher Schichten und landsmannschaftlicher Herkunft, Gemeinsamkeit der Generationen.

Politische Heimat für konservative, liberale und christlich-
soziale Strömungen.
Meine Damen und Herren, wir brauchen die
gemeinschaftsstiftende Wirkung der Unionsidee nicht nur
in unserer Partei, wir brauchen sie auch für unser Land als
Ganzes. Mehr denn je.
…wir uns nicht mit zunehmenden Spaltungstendenzen in
unserer Gesellschaft abfinden dürfen. Verdrängung hilft
nicht. Auch Illusionen helfen nicht. Die Wirklichkeit ist
nicht politisch korrekt.
Denn es gibt sie, die neuen Spaltungen unserer
Gesellschaft - zwischen Ost und West, Menschen mit und
Menschen ohne Arbeit, Alten und Jungen. Es gibt sie, die
Parallelgesell-schaften, und zwar nicht nur die zwischen
unterschiedlichen Kulturen in unserem Land. Es gibt noch
andere.
Eine Million Kinder in Deutschland leben heute von der
Sozialhilfe. Ihr Lebensunterhalt ist gesichert.

Aber ihre Lebenschancen drohen zu verderben. Viele
dieser Kinder sind völlig sich selbst überlassen. Oft
interessiert sich niemand dafür, ob und was sie lesen, was
und wie viel sie fernsehen, wie sie lernen und ihre Freizeit
verbringen. Diese Kinder steigen nicht aus freier
Entscheidung aus, sie werden zurückgelassen.

Ich nenne das fürsorgliche Vernachlässigung. Wir können
das nicht hinnehmen.
Ein Patentrezept zur Lösung dieses Problems gibt es
wahrlich nicht. Aber es gibt ein Prinzip, das wir anwenden
müssen, und das ist das Prinzip Verantwortung. Diese
Verantwortung geht uns alle an. Sie ist eine gemeinsame
Aufgabe der Politik, der Wirtschaft, der Schulen, der
Vereine, der Familie, der Nachbarn, der Freunde. Das
bedeutet:

• Keine Gleichgültigkeit, wenn Kinder von vornherein auf
der Schattenseite der Gesellschaft leben.

• Keine Gleichgültigkeit, wenn junge Menschen keinen
Einstieg ins Arbeitsleben finden.

• Keine Gleichgültigkeit, wenn ältere Arbeitnehmer als
nicht mehr leistungsfähig erklärt werden. Niemand ist im
Übrigen zu alt, um mit uns jung zu sein, ins 21.
Jahrhundert zu gehen.
• Keine Gleichgültigkeit, wenn ganze Regionen um ihre
wirtschaftliche Lebensfähigkeit kämpfen müssen.

Liebe Freunde, eine lieblose, eine gleichgültige
Gesellschaft mit einer solchen Tendenz wird sich die CDU
Deutschlands niemals abfinden.
Wir Christdemokraten wollen die Spaltungen in unserer
Gesellschaft heilen. Wir werden sie aber nur heilen
können, wenn die Bürger unser Land als
Schicksalsgemeinschaft - als eine Nation - begreifen. Wir
sind eine Schicksalsgemeinschaft. Wir brauchen ein
erneuertes Bewusstsein dafür, dass wir nur gemeinsam
vorankommen. Das ist nicht einfach nur dahingesagt.

Anmerkung: Meint sie nun die immer wieder lieblos
sinkenden Sozialleistungen oder die
Schicksalsgemeinschaft EU?

Schauen Sie auf die wieder aufgebaute Frauenkirche in
Dresden: Das ist nicht ostdeutsches Kulturerbe. Das ist
auch nicht Ausdruck westdeutschen Spendergroßmuts.
Nein, die Frauenkirche in Dresden - das ist Deutschland.
Das ist unsere gemeinsame Kultur, die 15 Jahre nach dem
Fall der Mauer wieder in altem Glanz, in neuem Glanz
erblüht.

Ja, es ist wahr, Deutschland braucht eine große Koalition,
und zwar eine große Koalition aller Bürger, die mit uns
gemeinsam das Land voranbringen wollen. Wenn CDU
und CSU und die Bürger fest zusammenhalten, dann
können wir es schaffen.
Wenn ich das sage, dann weiß ich gleichzeitig, dass für
viele, die uns bislang nicht gewählt haben, der Abschied
von Rot-Grün bitter ist. Ich wische das nicht beiseite. Alles
hat seine Zeit. Es geht auch nicht darum, so zu tun, als
wüssten wir alles immer besser als die anderen. Manches
an gesellschaftlicher Veränderung, was 1968 und danach
die alte Bundesrepublik und auch die CDU bewegte, ist
heute Allgemeingut.
Wir können und wir wollen nicht zurück zum Familien-
und Frauenbild der 50er Jahre. Wir können und wir wollen
nicht zurück zum gesellschaftspolitischen Rahmen jener
Zeit. Wir alle sind gemeinsam weiter als damals.
Aber alle erkennen jetzt auch: Die geistigen Ressourcen
von 1968 waren zu eng für die Zukunft unseres Landes.
Die Utopien dieser Generation müssen der Realität Platz
machen, wenn das Land eine gute Zukunft haben soll. Nun
übernimmt die nächste Generation. Es ist Zeit für eine
realistische Politik.
Realistische Politik - das klingt langweilig, das klingt nur
noch nach Pragmatismus. Das aber wäre ein

Missverständnis. Sie alle kennen den Satz von Konrad Adenauer: „Die Politik ist die Kunst des Möglichen. Das heißt: Sie muss mit einem gesunden Realismus ihre Handlungen den Gegebenheiten anpassen." - Ende des Zitats. Kunst hat sprachlich übrigens etwas mit Kenntnis und Können zu tun. Nachbessern dagegen kommt im Wortstamm nicht vor.
Realistische Politik so verstanden - das ist Mut zur Wahrheit statt Glaube an Illusionen. Wie gesagt, die Wirklichkeit ist nicht politisch korrekt.

Anmerkung: Etwas mehr Pragmatismus wäre von Vorteil. Genug von unrealistischer Politik. Von Regierenden ohne Kinder, welche die Zukunft vertreten sollen. Die soziale Gerechtigkeit predigen und soziale Gerechtigkeit mit Füßen treten. Welche das Stabilitätsgesetz nicht berücksichtigen und das Grundgesetz nicht im Volksinteresse abändern und Steueroasen tolerieren. Die Regierung kann vielleicht, aber hat leider nicht viel für das Volk getan.

Viele Politikprofis und Kommunikationsexperten sagen mir in diesen Tagen, es sei unmöglich, mit der Wahrheit über die Lage unseres Landes und über die Art der Reformmaßnahmen eine Wahl zu gewinnen. Ich glaube, das Gegenteil ist der Fall. Weil wir unsere Generation von ihren Ängsten befreien müssen, indem wir ihre Ängste aussprechen. Ängste über ihre Sicherheit im Alter, ihre Gesundheitsversorgung, ihre berufliche Perspektive. Und indem wir die Dinge beim Namen nennen, machen wir die Ursachen der Probleme erkennbar. Indem wir wiederum die Ursachen erkennbar machen, machen wir sie gestaltbar. Das ist Politik mit Gestaltungsanspruch.

Daraus ergibt sich alles Weitere. Denn so können uns Besitzstände nicht immer wieder Angst einjagen. Wenn wir die Kraft haben, die Wahrheit der Illusion entgegen zu setzen, wenn wir die Kraft für eine realistische Politik haben, dann wird die Macht alter Besitzstände vor den neuen Wirklichkeiten unserer Generation keinen Bestand mehr haben.

Ich bin fest entschlossen, diesen Weg zu wagen. Ich bin fest entschlossen, dass wir uns gemeinsam auf diesen Weg machen - von einer Gesellschaft, die gefangen ist in dem Versuch der gleichmäßigen Verteilung von „Weniger", hin zu einer Gesellschaft, die ihre Kräfte auf das Erwirtschaften von „Mehr" konzentriert.

Anmerkung: Die Regierung spricht viel von Ängsten. Aber nicht die Bürger sollten Angst vor der Politik haben – denn die Bürger finanzieren die Regierung – sondern die Politik vor den Bürgern. Da sie die auch hat, werden unter dem Deckmantel der Sicherheit Gesetze erlassen, welche den Bürger kontrollieren und einschränken. Auch vor entsprechenden Abänderungen im Grundgesetz wurde nicht mehr halt gemacht. Gepanzerte Fahrzeuge gehören dazu.

Wenn in diesen Tagen viele unserer Freunde viele Einzelpunkte und Maßnahmen zu Rente, Pflege, Gesundheit, Steuer, zum Subventionsabbau usw. diskutieren, ankündigen, Manches auch wieder verwerfen, dann ist das ohne Zweifel Teil unseres Ansatzes. Keine Frage, Vieles davon kann ich ohne Mühe unterschreiben, Manches fehlt noch, Anderes muss überarbeitet werden. Aber ich sagte, all diese Punkte sind Teil unseres Ansatzes. Sie haben ein Manko: Sie sind Punkte. Mir scheint, von uns wird mehr verlangt. Gleichsam eine Quadratur des Kreises, ein grundsätzlicher Wandel politischen Handelns. Dabei geht es um eines: weg vom Stückwerk. Hin zu einer Politik aus einem Guss. Wer A sagt, muss auch B sagen. Aussagen zum Beispiel zu Steuersenkungen oder möglichen Steuererhöhungen müssen im Kontext mit Aussagen zur Senkung der Lohnnebenkosten stehen. Alles hängt mit allem zusammen. Vom Stückwerk zur Politik aus einem Guss - das ist die entscheidende Arbeit, die meine

Partei mit Blick auf das Regierungsprogramm leisten wird. Nicht mehr und nicht weniger.

Anmerkung: Wahl – Stimmen erhalten, durch falsche Versprechungen. Der Bürger und Steuerzahler wurde betrogen! Geregelt durch das Strafgesetzbuch (StGB) § 263

Realistische Politik, wir haben es gesehen, ist nicht nur Pragmatismus. Sie verbindet Pragmatismus mit Werteorientierung. Deshalb ist sie undenkbar ohne einen Kompass. Die Union hat diesen Kompass. Er markiert das Gesetz unseres Anfangs. Er besagt: Nicht der Staat ist das Maß der Politik, nicht eine Partei und auch nicht eine Klasse. Nein, Konrad Adenauer hat es 1946 so formuliert - ich zitiere: „Der Fundamentalsatz des Programms der CDU, der Satz, von dem alle Forderungen unseres Programms ausgehen, ist ein Kerngedanke der christlichen Ethik: Die menschliche Person hat eine einzigartige Würde, und der Wert jedes einzelnen Menschen ist unersetzlich." - Ende des Zitats.

Liebe Freunde, es ist dieses christliche Menschenbild, das unser Kompass ist. Es ist das einigende Band aller in der CDU. Politik in Verantwortung vor Gott und den Menschen. Das begrenzt und befreit zugleich. Grenzen setzt es in den Debatten über Beginn und Ende des menschlichen Lebens. Befreien kann es ebenso sehr. Es befreit vom Glauben an eine Allmacht oder eine Allzuständigkeit der Politik. Vom Glauben an die Überlegenheit kollektiver Lösungen, und es befreit zum Glauben an die Kraft des Menschen. Dabei wissen wir: Der Mensch lebt nicht für sich allein. Genau deshalb machen wir die Basis unserer Gesellschaft stark. Wir setzen auf den Einzelnen, auf seine Familie, seine Gemeinde, seinen Verein, seinen Betrieb. *Anmerkung: Wer solche Politik führt hat keinen blassen Schimmer von Kindern und Zukunft, dazu wird zuviel im*

Nähe und Teilnahme - das ist Solidarität und Subsidiarität.
Wer, wenn nicht die Betriebsräte und Firmenleitungen vor
Ort, kann denn den besten gemeinsamen Weg in Krisen
finden? Wo, wenn nicht in den Kommunen, kann
Langzeitarbeitslosen wieder der Einstieg eröffnet werden?
Solidarität und Subsidiarität, das ist keine graue Theorie.
CDU: die Macht dem Menschen, könnte es heißen.
Aus dem christlichen Menschenbild speist sich auch unser
Bekenntnis zur Nachhaltigkeit. Die Zukunft darf nicht zur
Müllhalde für die ungelösten Probleme der Gegenwart
werden. Nicht beim Schutz unserer Natur, denn eine
natürliche Ressource darf nur in dem Maße genutzt
werden, in dem sie sich wieder regenerieren kann. Und
auch nicht beim schier unaufhaltsamen Gang in die
Verschuldung. Denn der Staat muss lernen, nur das
ausgeben zu können, was er eingenommen hat.

*Anmerkung: Sechzig Jahre Tiefschlaf, oder eine innovative
Erkenntnis?*
*Können Sie mehr ausgeben, als Sie haben? Die Regierung
macht dies auf Kosten des Staatsbürgers und kontrolliert
ihn vielleicht aus Angst vor Unruhen?*
Vertrauen gewinnen durch realistische Politik: Dass die
CDU das kann, das haben wir in der Geschichte unseres
Landes oft bewiesen. Wir haben mehrfach Wendepunkte
erlebt, an denen der Gestaltungswille der Union zu einer
Kraftquelle geworden ist: Römische Verträge,
Ausgestaltung des Sozialstaates, deutsche Einheit,
Einführung des Euro - das sind nur wenige Stichworte.
Dass wir es auch heute können, das zeigt schon der Blick
auf die Ergebnisse der unionsgeführten Bundesländer.
Dort, wo wir regieren, geht es den Menschen besser. Dort
wo wir lange regieren, geht es ihnen erst recht besser - ob
es um Arbeitsmarkt, Wirtschaftskraft, Bildung, Forschung,
innere Sicherheit geht. Das schafft Vertrauen.

60 Jahre CDU - das waren also 60 gute Jahre für
Deutschland, wo immer wir politische Verantwortung
getragen haben: im Bund, in den Ländern und in den
Gemeinden. Wir respektieren den großen Beitrag, den die
anderen demokratischen Parteien zum Gelingen unseres
Landes geleistet haben. Zurzeit habe ich umgekehrt
allerdings den Eindruck, dass manche unserer verehrten
politischen Gegner eine Partei bekämpfen, die es gar nicht
gibt. Aber sei´s drum. Wir dürfen an einem Tag wie heute
stolz erklären: Wir, CDU und CSU, haben Deutschland in
entscheidenden Phasen unseren Stempel aufgedrückt. Mit
unseren Bundesvorsitzenden Konrad Adenauer, Ludwig
Erhard, Kurt-Georg Kiesinger, Rainer Barzel, Helmut
Kohl, Wolfgang Schäuble. Sie alle haben sich um unsere
CDU verdient gemacht - genauso wie Lothar de Maizière,
der erste und zugleich letzte Vorsitzende der wieder freien
CDU in der DDR.
In den vergangenen 60 Jahren waren die
Herausforderungen nicht selten größer als heute. Aber auch
heute sind sie groß. Und die Hinterlassenschaft, die wir
vorfinden, wiegt schwer. Von uns heute hängt es ab, wie in
weiteren 60 Jahren, also im Juni des Jahres 2065, über die
CDU gesprochen wird - ob wir an einer entscheidenden
Weggabelung eine gestaltende Kraft geblieben sind oder
nicht, ob wir den Herausforderungen der Zeit gerecht
geworden sind oder nicht, ob wir die Weichen für einen
Politikwechsel gestellt haben oder nicht.
Deutschland braucht einen Politikwechsel:

• Einen Wechsel zu neuer Freiheit, die mehr Arbeit und
Wachstum bringt, die auch der Idee der sozialen
Gerechtigkeit wieder zu ihrem Recht verhilft.

• Einen Wechsel zu neuer Verantwortung, die das
Bewusstsein erneuert, nur gemeinsam voran zu kommen.
Die Summe aller Verbandsinteressen ist noch lange nicht
Gemeinwohl.

• Einen Wechsel zu neuer Verlässlichkeit, ohne die es kein
Vertrauen gibt und ohne die keine Veränderungen
gelingen.

*Anmerkung: Das Vertrauen des Volkes wurde permanent
missbraucht, immer weiterer Sozialabbau, durch einen
19% Wähler Verband – unglaublich. ? Ich bitte um eine
PISA Messung in der Regierung.*

Meine Damen und Herren, ich sagte es zu Beginn: Unsere
Motivation heißt Deutschland. Unsere Verpflichtung gilt
dem Wohlergehen der Menschen. Sie ist das Herzstück
unseres Auftrages. Für Einigkeit und Recht und Freiheit.
Damals wie heute.
Der frühere amerikanische Präsident Bill Clinton hat nach
dem Mauerfall hier in Berlin dem deutschen Volk
zugerufen: „Alles ist möglich". Meine Damen und Herren,
ja, alles ist möglich. Vor allem ist für Deutschland viel
mehr möglich, als es heute scheint.
„Wir werden nicht alles anders, aber vieles besser
machen", hat 1998 jemand gesagt. Was daraus geworden
ist, wissen wir.[26]
Ich sage heute: Wir werden es grundlegend anders machen,
damit es grundlegend besser wird für Deutschland. Das
haben wir mit unseren Gründern gemeinsam.
Vielen Dank.

*Ja, schönen Dank Frau Kanzlerin und vielen Dank liebe
Regierung für diese prima „Rede". Können wir uns gegen
eine Nichteinhaltung des Gesagten wehren? Wie sagte
Präsident Obama? Yes, we can! ...it better than...!*

Weitere dubiose Anmerkungen der Kanzlerin im Namen
der Regierung.
In Indien etwa nehmen inzwischen rund 300 Millionen
Menschen eine zweite Mahlzeit am Tag ein, sagte Merkel.
"Wenn die plötzlich doppelt soviel Nahrungsmittel
verbrauchen als sie das früher gemacht haben und dann

auch noch 100 Millionen Chinesen beginnen Milch zu trinken, dann verzerren sich natürlich unsere gesamten Milchquoten und vieles andere", sagte die CDU-Chefin mit Blick auf den europäischen Agrarmarkt.[27]

Anmerkung: Diese Aussage grenzt an primitiven Futterneid, wie er unter schlecht sozialisierten Hunden auftritt, die beispielsweise zu früh von ihrer Mutter getrennt wurden.
Vernichtung von Milch, Käse, Butter, Tomaten und anderen Lebensmitteln nur zur EU - Preiserhaltung? Spendengelder für hungernde Kinder? Ist das nicht ein wiederholter Widerspruch? Im übrigen, Chinesen mögen keine Milch und Käseprodukte, was für ein Glück, da haben unsere Politiker mehr. Was sind das für Christen, die sich auf Staatskosten den Bauch voll schlagen und jammern, das arme jetzt 2x täglich essen wollen?

Die Ernährung unserer Kinder in der Schule zu überprüfen, durch Wiegen die Eltern zu bevormunden ist ein weiteres Denunzieren. Die Regierung hat die Interessen des Volkes zu vertreten und nicht eigenmächtige Befehle zu diktieren. Haben unsere Politiker/innen mal in den Spiegel geschaut. Wer im Glashaus sitzt sollte nicht mit Steinen werfen. Die Banketts auf Staatsbürgerkosten, besser auf Schuldenbasis müssen dringend gestrichen werden. Ein weiterer Höhepunkt der Dekadenz. Das klassische Motiv des untergehenden römischen Kaiserreichs auf, das durch zu viel Luxus und Wohlleben alle Leistungsbereitschaft und Moral verloren habe. Bereits der römische Historiker Sallust geißelte um 40 v. Chr. die "Verdorbenheit", "Trägheit" und "niedrigen Gelüste" seiner Zeitgenossen, die der Luxus verweichlicht habe.[28]

Die Nahrung reicht nicht für die gesamte Bevölkerung der Erde. Böse Zungen behaupten, dass Kriege, Naturkatastrophen und Viren, schädliche Pharmaka und Impfungen bewusst zu Reduzierung der Menschheit

eingesetzt werden, um eine gewisse Elite von Reichen
optimal mit Ressourcen zu versorgen.
Vielleicht wollte ein gewisser Herr Merkle, ehemaliger
Chef von Ratiopharm und Multimilliardär (über 12 Mrd.€)
hier nicht mitmachen. War er einer der Ausnahmen, der
Hochfinanz? Eine von Medien vorgeschobene
Fehlspekulation mit VW Aktien ist eher unwahrscheinlich,
da VW einer der wenigen DAX-Halter am Börsenmarkt
war. Ferner setzt ein Mann mit seiner Intelligenz nicht auf
einen einzigen Börsenkurs.[29]
Außerdem hat sicherlich bessere Suizidmöglichkeiten, als
einen risikoreichen Zugsuizid. Wie zufällig und modern,
auch ein Herr Enke hatte einen. Wegen Fußball vielleicht?
Sicher eine interessante Theorie.

Auch die derzeitige Diskussion über die Schweinegrippe,
welche von der WHO sehr schnell verschärft ausgerufen
wurde hat nicht nur etwas mit einer Bereicherung von
Pharmakonzernen und deren Anteilseignern zu tun.
Denken sie weiter. Wer hat den Einfluss der
Krisenbestimmung und was hätte eine Zwangsimpfung
bewirkt?
Wären da nicht erst recht viele Menschen gestorben,
Ältere, Schwache und schon anderweitig Kranke? Wer
hätte von der Kostenseite her profitiert? Guten Morgen
Vietnam – guten Morgen Deutschland.

Die Bill Gates Stiftung sorgt für Impfungen in Afrika. Ist
dies relevant, wenn nicht einmal genug Kleidung,
Nahrungsmittel, Hygieneeinrichtungen und andere
lebensnotwendige Mittel in Afrika vorhanden sind, oder
was bewirkt die Impfung? Für 10 Mrd. Dollar.[30] Wären
nicht andere Hilfen sehr viel Wichtiger?

Die Öffentlichkeitsarbeit macht es möglich. Tue Gutes,
zahle Spendengelder und lass Dritte (die Presse) darüber
berichten. Schon hast Du gute Public Relation getätigt und

dein Image gestärkt. Die Leser werden dahingehend
manipuliert etwas als positiv zu bewerten.

Merkel warnt Russland vor Bruch internationaler Verträge.
Bundeskanzlerin Angela Merkel hat mit Sorge und scharfer
Kritik auf eine mögliche russische Anerkennung der von
Georgien abtrünnigen Regionen Abchasien und
Südossetien reagiert.
Nach einem Gespräch mit dem schwedischen
Ministerpräsidenten Fredrik Reinfeldt, den sie im Rahmen
einer zweitägigen Ostsee-Reise traf, sagte sie zur
Entscheidung des russischen Parlaments: "Das ist gegen
die internationalen Verträge."
Sie erwarte, dass der russische Präsident Dimitri
Medwedjew die Resolution nicht unterschreibe.

Sollte er dies tun, ergebe sich eine "sehr schwierige,
kritische Situation mit Blick auf die territoriale Integrität
Georgiens", gab Merkel in Stockholm zu bedenken.

Zudem verlangte die Kanzlerin erneut den vollständigen
Abzug der russischen Soldaten aus Georgien. Der von
Frankreichs Staatschef Nicolas Sarkozy ausgehandelte
Sechs-Punkte-Friedensplan sei bisher nicht erfüllt worden.
[31]

*Anmerkung: Dann soll auch Nicolas Sarkozy das klären,
oder ist Frau Merkel dessen Sprachrohr? Hinzu kommt
noch die Stationierung von Raketen in Polen, dass lässt die
Frage offen, ob wir auf dem Pulverfass sitzen?*

16. Juni 2008 – Berliner Kurier Seite 3
Israel wirft dem Iran „Tricksen und Verschleiern im
Atomprogramm vor.

*Anmerkung: Ein Fall, den wir schon von den USA
gegenüber dem Irak kennen.*

Aus einer angeblichen Angst heraus, will nun Israel den Iran angreifen, also einen Erstschlag durchführen.

Anmerkung: Wenn Sie jemand verbal bedroht, der zu Hause ein Messer hat, dürfen sie ihn nicht gleich mit körperlicher Gewalt begegnen. Was für eine Logik

Israel will vermutlich einen Krieg beginnen, indem sie Waffen von Deutschen (U-Boote) und Amerikanern (F-22 Tarnkappenbombern) einsetzen. Damit nicht genug, sie vertrauen auf die versprochene Hilfe von Frau Merkel im Knesset (jüdisches Parlament), direkt gegen alle Feinde Israels Beistand zu leisten. Hier wird klar erkennbar, dass hier eine schon lange geplante Kriegsabsicht durchgeführt werden soll, in die Frau Merkel eingeweiht war und an der Seite von Israel gegen den Iran vorgeht. Auf der Seite eines derzeitigen Angreifers.
Frankreich ist auch ein Atomland, gleich nebenan, aber müssen wir deshalb einen Krieg entfachen?

Die Aktuelle Sozialpolitik ist weder sozial noch christlich, sondern zeigt brutale, perverse und überhebliche Machtausübung. Der Angriff Israels auf das Schiff aus der Türkei zeugt von kriegerischer Aggression.

Schon im Jahre 2006 war man in Teheran davon überzeugt, das Amerika und Israel sich bereits über die Vernichtung der iranischen Atomwaffen abgesprochen haben.
Sollte der Iran nicht kooperieren wollen, so müsse er sich auf das Schlimmste gefasst machen. Wir fordern vom Iran jeglichen Verzicht auf Nuklear-Industrie, Unterstützung in der Palästina Frage, keine Unterstützung der Hizbollah und anderer „terroristischer" Organisationen sowie Absprachen (Kartelle) über den Petroleum – Export.[35]

Die Krisenherde sind vorhanden. Die USA haben nicht nur den Dollar in den Weltmittelpunkt gelegt, sie wollen auch die Macht über fremde Rohstoffe und Länder haben.

Komisch, in Deutschland sollen die Atomkraftwerke noch 25 Jahre weiter arbeiten, obwohl sie ausgebrannt und Abgeschrieben sind. Der Neoliberalismus lässt Grüßen, Kostensenkung auch dort, wo Gefahrenherde brodeln?

Der Bundespräsident

Der Bundespräsident wird für 5 Jahre gewählt. Er ist das Staatsoberhaupt der Bundesrepublik Deutschland. In einer Sitzung von Bundestag und Bundesrat wird der neue Bundespräsident am Tag des Amtsantritts vereidigt. Seine Aufgaben betreffen, anders als in den USA hauptsächlich repräsentative Tätigkeiten. Er wird als neutrale fünfte Gewalt im „fünf" Gewalten – System angesehen.

Die Kandidatenauswahl im Vorfeld der Wahl ist stark von der absehbaren parteipolitischen Stimmverteilung in der Bundesversammlung und den parteitaktischen Überlegungen geprägt. Je nach Ausgangslage versuchen die Parteien, in einem innerparteilichen Prozess einen Kandidaten zu finden, für den sie sich in der Bundesversammlung entsprechende Zustimmungen erhoffen. Das klingt richtig nach einem Volksvertreter, der vom Volk gewählt wurde. Daher denken die Politiker daran, dass die, welche wählen dürfen, auch für ihre Kinder Wahlstimmen abgeben können, oder ein Wahlrecht ab 16 Jahren eingeführt werden soll - per Gesetz. So kann die Prozentzahl der Wahlbeteiligten erhöht werden. Dieses Zahlenspiel kennen wir bereits im umgekehrten Verhältnis bei den Arbeitslosenzahlen. Sind dies die Interessen des Volkes?

Horst Köhler tritt zurück und ein nicht vom Volk gewählter, und für 90% der Bevölkerung unbekannter Politiker, übernimmt vorübergehend das Amt des Bundespräsidenten. Herr Jens Böhrnsen ist kommissarischer Präsentant des Deutschen Volkes. Sie sehen wie im Namen des Volkes, ohne dass das Volk gefragt wurde entschieden wird. Der nächste Bitte. Gezielt werden 3 Vorschläge gemacht und das war es dann. Eine sehr demokratische Wahl im Namen des Volkes. Hier ist er liebes Volk, der Retter – und alle tanzen um das goldene Kalb. Herrn Schlemmer kennen wenigstens 90% des Volkes.

Horst Köhler tritt zurück. Mir war er immer sympathisch. Besonders seine Aussagen, wie das Volk sollte mitentscheiden und sein Einsatz für die Rettung Schiffbrüchiger.
Seinen Wortlaut in allen Ehren lautete:
Meine Äußerungen zu Auslandseinsätzen der Bundeswehr am 22. Mai 2010 sind auf heftige Kritik gestoßen. Ich bedaure, dass meine Äußerungen in einer für unsere Nation wichtigen und schwierigen Frage zu Missverständnissen führen konnten.
Die Kritik geht aber so weit, mir zu unterstellen, ich befürwortete Einsätze der Bundeswehr, die vom Grundgesetz nicht gedeckt wären. Diese Kritik entbehrt jeder Rechtfertigung. Sie lässt den notwendigen Respekt für mein Amt vermissen (so laut Herr Köhler).

Entschuldigen Sie, aber hat ein Mann in seiner Position nicht kritikfähig zu sein. Sollte ein Mann in seiner Position nicht das Grundgesetz kennen, oder ist es schon an der Tagesordnung den „Respekt eines Amtes" vor das Grundgesetz zu stellen? Ja, und er weis das auch.
Er weis es besser als wir zusammen, weshalb der wahre Grund sich nur erahnen lässt.
Wollte er seine Unterschriften nicht mehr für die von der Regierung geforderten Aktionen geben, aus rein menschlichen Gründen?
Danke Herr Köhler.

Ein Jahr nach dem Amoklauf in Winnenden forderte Bundespräsident Horst Köhler in einer Gedenkveranstaltung, „wirklich alles Menschenmögliche" zu tun, um derartige Taten in Zukunft zu verhindern. Er sprach sich nicht nur für eine Verschärfung des Waffenrechts und den Schutz von Jugendlichen vor sogenannten Gewaltspielen aus. Auch präventionsorientierte Regelungen zur Berichterstattung durch die Presse seien wichtig zur Manipulation. Und er rief die Bevölkerung auf, sich gegen eine drohende Verrohung der Gesellschaft zur Wehr zu setzen und niemanden auszugrenzen, also auch nicht seine Kollegen.

Ein Mensch mit Charakterstärke will keine Marionette sein.
Das Grundgesetz wird wieder einmal geändert und die Unverletzlichkeit der Wohnung aus Artikel 13 für Sportler aufgehoben, was wiederum gegen den Gleichheitsgrundsatz verstößt. Wieder eine Denunzierung von Unschuldigen. Ein psychisch gestörter Mensch lief Amok. Als Tatwaffe kann dieser Autos, Busse, Waffen vom kriminellen Schwarzmarkt, Zaunlatten, Steine und vieles mehr einsetzen, denn er ist ja gestört.
Die legalen Waffenbesitzer werden dagegen mit einer präzisen Genauigkeit auf Zuverlässigkeit, Eignung und Sachverstand sowie ihre Vergangenheit genaustens überprüft – und werden trotzdem Opfer dieser Regierungswillkür. Wieder ein Verstoß gegen das Grundgesetz Artikel 20 Absatz 3. Es hebelt den Grundsatz der Verhältnismäßigkeit aus. Eine staatliche Maßnahme ist unverhältnismäßig wenn sie erkennbar außer Verhältnis zu dem angestrebten Erfolg steht, die durch sie herbeigeführten Nachteile also deutlich größer sind, als diejenigen, die durch sie abgewendet werden sollen.

Mit seinem ausgewählten Song zum Abschied, dem St. Louis Blues", hat er eine clevere Botschaft gesendet. "I hate to see that evening sun go down", and "If I feel tomorrow like I feel today, I'm gonna pack my trunk and make my getaway." Bloß noch weg hier. Dies ist also das Motiv. Ich hasse es das blühende, sonnige Deutschland

untergehen zu sehen. Raus aus dem Amt der Makulatur,
wo man für Andere den Kopf hinhalten muss.[36] Heißt es
nicht auch Blühe Deutsches Vaterland - und nicht Welke?
Passend zur Prognose von Carl Friedrich von Weizäcker.
Er hatte es satt für die Kriege der Hochfinanz seinen
Namen zu geben und ging.

Das Wassermannzeitalter

Zum Wassermannzeitalter (WZA). Der gesamte Umlauf
durch den Sternenkreis dauert ca. 26.000 Jahre, was
bedeutet, dass die Erde 2166 Jahre in jedem Sternenkreis
verweilt.
Der „Frühlingspunkt" befand sich in den letzten 2166
Jahren im Zeichen der Fische und bewegt sich in das
Zeichen Wassermann. Obwohl einige anderer Meinung
sind, wird der Übergangspunkt von den Astrologen im
allgemeinen in die sechziger Jahre datiert.
Musical Hair (60er/Aquarius).

Besondere Aufmerksamkeit wird heutzutage dem 21.
Dezember 2012 gewidmet. Die Maya sollen anhand ihrer
Zeitrechnung ihren eigenen Untergang im 7. Jahrhundert
voraus gesehen haben. Mit dem Ende des Maya Kalenders
soll ein neues Zeitalter oder ein besonderes Ereignis
hervorrufen werden. Dies kann nach Meinung von
Gelehrten mit dem Beginn des Wassermannzeitalters in
Zusammenhang stehen. Hier ist viel Substanz für
Spekulationen und Utopien vorhanden. Nibiru, oder auch
der zwölfte Planet unseres Sonnensystems soll sich durch
seine ekliptische Bahn der Erde nähern. Genauso, wie der
Mond sich auf die Tiden auswirkt, wird es unvorhersehbare
katastrophale Auswirkungen durch die Annährung von
Nibiru auf der Erde geben. Dies erfolgt ca. alle 3.600
Jahre. Die Öffnung des Sternentors, der Kontakt zu
Außerirdischen und andere Vermutungen, die sogar von
gewollter CO2 Reduzierung zur besseren
Lebensraumgestaltung für Außerirdische ausgehen und

vielem mehr. Sind die starken Wetterschwankungen schon
Vorboten?

Dennoch, ist es tatsächlich messbar, dass die Erde ihre
Schwingungsfrequenz erhöht (von bisher 7,83 Hertz auf 8
Hertz und mehr). In empirischen Versuchen wurde
festgestellt, dass der Mensch ab ca. 8 Hertz mediale
Fähigkeiten zu entwickeln beginnt. D.h. jeder einzelne von
uns Menschen ist diesem Prozess unterworfen, der Mensch
wird demzufolge über Generationen hinweg langsam
medialer werden.

Nun schauen wir uns die Realität an, wie und wann die
Auswirkungen effektiv auf uns wirken könnte.
Zuerst müssen 3 Punkte geklärt werden. 1. Der Sternkreis
hat 360 Grad. Wie viele Jahre braucht der komplette
Durchlauf? 2. Wann beginnt welcher Kalender zur
Zeitrechnung?
3. Welchen Lebenszyklus hat der Mensch?

Zu 1. ca. 26000 Jahre
Zu 2. Differenzen um 300 Jahre
Zu 3. ca. 80 Jahre

Der Boom der einzelnen Zeitalter ist somit alle 2166 Jahre.
Am unteren Wendepunkt verabschiedet sich das alte
Zeitalter und das Neue beginnt. In einem Zeitalter leben ca.
27 Generationen. 80 Jahre in einer 2166 Jahresphase, dem
WZA. Von einer Generation zur Anderen kann hier keine
spürbare Auswirkung des Einzelnen stattfinden. Als
Vergleich: Heute ist Depression und Morgen beginnt der
Aufschwung. Hier wird kein Schalter umgelegt. Es heißt
nicht umsonst Depressions- PHASE.

Eine genaue Festsetzung ist ferner unmöglich, da die
Rotation der Erde schon in der Vergangenheit schwankte
und nicht mehr genau ermittelbar ist. Die
Vergangenheitsdaten beruhen auf Schätzungen.

Zugeben muss man jedoch, das einige Menschen sicher
„sensibler" reagieren als Andere, was sich im natürlichem
Biorhythmus (Geist, Körper, Seele) wiederspiegelt. Diese
Zielgruppe befindet sich dann auf der dargestellten
Zeitleiste zwei Striche weiter vorn oder hinten.
Auf der Zeitleiste des Wassermannzeitalters bewegt sich
der Mensch im Leben nur zu **3,7%** (rote Striche), wie
kann da eine spürbare bzw. messbare Auswirkung
stattfinden?

0----**---**--
---2166 Jahre

Das ist das Menschenleben (rot=80Jahre) im
Fische/Wassermann Zyklus/Zeitalter.
Hier einen genauen Zeitpunkt zu bestimmen halte ich für
realitätsfremd. Entscheidend ist eher die
Sternenkonstellation mit Neptun im Wassermann, bis Ende
2012.

     Fische   Wassermann (die Höhe-
/Wendepunkte)

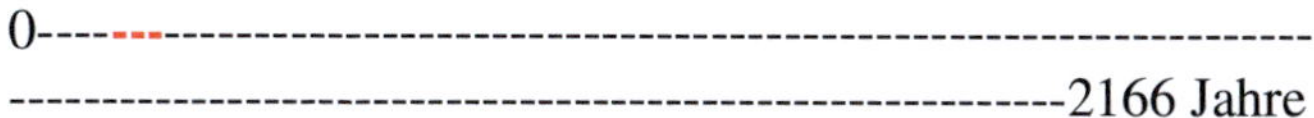

Das heißt im Abschwung/Aufschwung je ca. 1366 Jahre.
Rot der Lebenszyklus Mensch (im Verhältnis überstark
hervorgehoben.

Wir sind erst ganz am Anfang des Wassermannzeitalters.
Das Fische Zeitalter muss noch bis 2100 ausklingen, wo
wir sicher nicht mehr leben. Erst in 2400 werden wir
langsam in positive Hertzzahlen, Schwingen gelangen. Can
you feel the vibrations?

Das Ende der Fische zeigt uns in 2010 erst einmal noch die
Deflation mit kleinen Preisen, dann der Inflationspower
mit vielen weiteren Insolvenzen und Krisen. Weitere
Einsätze von „UN – Friedenstruppen" und bis 2013 stehen
wir dann vor einer neuen Währung und Ordnung. Die
Menschen werden sich durch Kriege, Viren und
Katastrophen reduziert haben und die
Zweiklassengesellschaft blüht auf. Erst dann beginnt das
Wassermannzeitalter. Leider zu spät für uns, denn den
positiven Zyklus zum Boom erleben wir nicht mehr.

Die Wörgler Lösung

Wir wissen, das Geld, welches dem Wirtschaftskreislauf
entzogen wird, nicht nachfragewirksam werden kann und
zu den erwähnten volkswirtschaftlichen Problemen führt.
Silvio Gesell lebte von 1862 bis 1930. Er war Kaufmann,
Finanztheoretiker, Sozialreformer und Begründer der
Freiwirtschaftslehre. Er beschäftigte sich mit der Frage,
wie man Geld als Machtmittel überwinden kann, ohne es
als Tauschmittel zu beseitigen. Ziel war eine positive
Volkswirtschaft ohne große Konjunkturschwankungen.
Seine Lösung war ein ständig fließendes Geld, ohne es
dem Wirtschaftskreislauf zu entziehen. Ein Lösungsansatz
der mit Sicherheit positiv zu bewerten ist. Leider konnte er
die praktische Umsetzung, die auf der Basis seiner Theorie
erfolgte nicht mehr erleben.

Im Juli 1932 zur Zeit der Weltwirtschaftskrise führte der
österreichische Bürgermeister von Wörgl, einer Gemeinde
mit 12.000 Einwohnern, das sogenannte Wörgler Freigeld
ein.

Das Gehalt der Bürger blieb auf der Bank liegen. Im Verhältnis zu diesen Geld erhielten sie Arbeitswertgutscheine (AWG). Das besondere an diesen AWG war, dass sie nach einem Monat an Wert verloren. Diesen Verlust konnten sie mit dem Kauf von etwas günstigeren Wertmarken aufhalten. Bei einem Umtausch der AWG in bares Geld wurde ebenfalls eine Gebühr fällig und die Akzeptanz des Geldes war in Frage gestellt.

Durch diese Maßnahme gaben die Bürger ihr Geld lieber vorab aus. Steuern und Versicherungsprämien wurden vorab bezahlt. So befand sich das Geld im Wirtschaftskreislauf und wurde nachfragewirksam. Die AWG wechselten somit die Besitzer und die österreichischen Schillinge auf der Bank brachten zusätzlich Zinsen. Diese Zinsen wurden von der Geschäftsbank dann zum Großteil der Gemeinde zugeführt und konnten so für weitere Impulse in der Infrastruktur und dem Bauwesen sorgen. Schwimmbäder und Schulen, Krankenhäuser und Arbeitsplätze wurden geschaffen. Andere Branchen kamen ebenfalls in den positiven Sog. Es entstanden neue Jobs und die Arbeitslosenquote wurde in kurzer Zeit um 25% reduziert. Im übrigen Österreich ging es dagegen weiter Berg ab.

170 Städte und Gemeinden wollten nach einem erfolgreichen Jahr das gleiche Projekt verwirklichen, um ihre desolate Wirtschaft anzukurbeln, was ihre Regierung nicht vermochte. Sofort legte die ebenfalls „private Österreichische Nationalbank" Einspruch ein und klagte vor dem obersten Verwaltungsgerichtshof, da sie das Bankenmonopol bedroht sehe. Die Bank hatte erfolg. Rechtsprechung und Regierung wurden von der Privaten Zentralbank in die Knie gezwungen. Das Projekt Wörgel wurde verboten.[37]

Schon Napoleon beklagte sich über die Gewinnsucht der Banken, da diese auch seine Feinde mit Geld und somit

Waffen versorgten. Der siebente amerikanische Präsident
Andrew Jackson wollte gegen die Nationalbank vorgehen
und bemerkte: I kill the bank. Die waren aber schneller.

An der Müllnertal-Brücke bei Wörgel steht noch heute ein
Schild mit der Aufschrift: „Mit Freigeld gebaut".

Der Ursprung entstand bereits 1928 in Erfurt. Hier nannte
sie sich „Ersatzwährung" Wära. Die positiven
Auswirkungen wurden auch hier von den Hintermännern
der Zentralbanken gestoppt.

Der positive Lösungsansatz bringt dennoch auch einige
kleine Probleme mit sich. Für größere Anschaffungen wird
sparen mit Verlust bestraft. Der vorläufige Geldentzug ist
somit erst mal vorhanden, wird aber bei Kauf später
kompensiert. Hier ist mit Sicherheit eine positive
Weiterentwicklung möglich.

"Man darf nicht warten, bis der Freiheitskampf
Landesverrat genannt wird"
(Erich Kästner, deutscher Schriftsteller, Drehbuchautor und Kabarettist.)

Wirtschaftskrise und Prognose bis 2013

Ein wirtschaftswissenschaftliches Expertenszenario,
basierend aus der Sekundärforschung und dem aktuellen
Zeitgeschehen

Es ist alles klar erkennbar, ohne hellseherische Fähigkeiten
zu besitzen. Schon in der Antike gab es aufmerksame
Menschen, die aus der Vergangenheit und der aktuellen
Entwicklung die zukünftigen Prognosen erkennen konnten.
Man nannte sie Seher, was heute fälschlicherweise als
Hellseher bezeichnet wird. Auch hier gilt das Prinzip 20%
zu 80%. Ausnahmen bestätigen die Regel. Der

weltwirtschaftliche Zustand braucht eine neue Orientierung
– und dies nicht erst seit gestern. Politiker, Finanzexperten,
Börsengurus, die dies nicht rechtzeitig in ihrer Position
erkannten, müssten die rechtliche Haftung übernehmen.

Fangen wir mit der kommenden Neujahrsrede der
Kanzlerin an. Langes Gerede mit kurzer Aussage: Wir
haben eine Wirtschaftskrise und der Staatsbürger darf für
den Staat bürgen, ob er will oder nicht. Schwierige Zeiten
sind zu schaffen, wir haben ein (Weihnachts-)Paket für 15
Mrd. zuzügl. 5% Zinsen, das ist günstiger als ihr
Dispositionskredit bei der Bank. Alle Bürger sind nun
gefordert.
„Das geht hier alles nicht so weiter, ich lege mein Amt
nieder“, wird sie vielleicht denken, aber nicht sagen. Sie
sagt, was die Hochfinanz ihr über Mittelsmänner und
Berater vorgibt und musste daher schon oft lügen: USt.-
Erhöhung, Fahrkostenpauschale, EU-Vertrag, um nur
einige zu nennen. Nichts von Politikern in Aufsichtsräten,
von Regierungskrise und suboptimalen Volksvertretern.
Wahre Problemfaktoren werden negiert.

Sparen heißt dem Wirtschaftskreislauf Geld entziehen, was
zu noch mehr Armut führt. Ausgeben wird ein Problem, da
kaum jemand noch etwas zum Ausgeben hat. 80% des
gesamten Deutschen Vermögens werden von 20%
Überreichen gehalten.

Besteuert werden diese Leute von unserer Regierung nicht,
denn deren Gelder sind meist bereits gesichert auf
Steueroasen angelegt. Nach wirtschaftswissenschaftlichen
Schätzungen betragen die auf allen ca. 70 „Steueroasen“
angelegten Gelder weit über 20.000 Mrd. € (20Billionen).
Aber Vorsicht bei den Zahlenangaben, denn die
amerikanische Trillion ist eine deutsche Billion. So kann
weltweit für eine „gewünschte“ Verwirrung gesorgt
werden.

Wir bleiben bei der deutschen Variante. Die
Staatsverschuldung der USA beträgt demnach offiziell
schon 13,2 Bill.$, inoffiziell sogar das 6-Fache. Dem
gegenüber steht Deutschland mit fast 1,7 Bill.€ Schulden.

Es ist nicht schwierig zu erkennen, dass die geparkten
Gelder der Steueroasen, die Schulden aller Länder auf
einen Schlag tilgen könnten. Und die Regierung sorgt
durch Verschlechterungen, die sie Reformen nennen für
den weiteren gewollten, sozialen Abbau, anstatt harte
Gesetze zur Aufhebung der Steueroasen zu erlassen.
Das Kapital muss vor/auf der „Flucht erwischt" werden,
was bereits „geparkt" ist, kann kaum mehr recherchiert
werden.

Ganz abgesehen davon, das sich Rechtsanwälte fragen
sollten, ob sie nicht Mittäter dieser Form der
Wirtschaftskriminalität, wie Steuerhinterziehung sind. Von
einer legalen Kriminalität habe ich bisher noch nichts
gehört. Ein konkretes Vorgehen der Regierung ist hier
notwendig. Die Gesetze sind bereits grundlegend
vorhanden. Hartes Klotzen ist angesagt und nicht Kleckern
als Alibifunktion mit CD – Diskussionen. Von denen wir
hier reden gibt es offiziell keine Namen, nur
Nummerncodes und Offshore Firmennamen.

Wer steckt dahinter? Alles wird beobachtet und verfolgt.
Neue Gesetze werden erlassen und das Grundgesetz
mehrfach geändert. Der Bürger wird von A-Z kontrolliert.
Man kennt seine Kaufgewohnheiten und Kontobeträge
über Checkkartenzahlung, Urlaubsziele, Bestellungen,
Gesichtsabmessungen, wann und wo er was kauft, welches
Auto er fährt und mit wem er von wo nach wo telefoniert,
wie lange er im Internet surft und was er schreibt. Wo er
arbeitet und wie viel Steuern er zahlt. Wann er krank ist
und zu welchen Ärzten er geht welche Kreditkarten er
benutzt, bis zur Volkszählung, Buchungen, Faxe, usw..

Demzufolge wäre es ein leichtes, von Banken,
Großunternehmen, Königshäusern, Schwerindustrieellen,
Monarchien und Anderen zu erfahren, wo sie ihre Gelder
vor dem Land, seiner Wirtschaft und dem Finanzamt
verstecken, wenn man es nur als Regierung wollte.

Wird dies nicht, oder nur zaghaft verfolgt, sind wir beim
unausgesprochenen Marionetten – Theater der Hochfinanz.

Die Bilderberger bzw. die Hochfinanz sind die
Marionettenspieler der Regierungen. Sie befinden sich in
der Weltbank und den Zentralbanken. Gründer und Partner,
wie Rockefeller, Rothschilds, Warburg, Kuhn Loeb, J.P.
Morgen gaben 1913 den Startschuss. Sie kassieren Zinsen
für das entleihen von Geld. Problem ist, das nur soviel
Geld entliehen wird, wie die Wirtschaft eines Landes
erwirtschaften kann. Woher den Zins nehmen, der gar nicht
vorhanden ist. Ein Fakt, weshalb die Wörgler Lösung
unerwünscht war.

Dem Finanzamt und dem Staatsschutz dürfte klar sein, das
hier die wahren Staatsfeinde und Wirtschaftsverbrecher
sind, welche die volle Verantwortung des
volkswirtschaftlichen Zusammenbruchs tragen. Sie
schauen nur zu und beschäftigen sich zu 90% mit
denunzierenden Peanuts, die auf undeutliche
Formulargestaltung und unterschiedliche
Gesetzesauslegungen beruhen. Frei nach dem Motto: Mein
Vorgesetzter hat gesagt, das dies sein Vorgesetzter auch
schon sagte und wir das so machen müssen, denn er ist seit
10 Jahren der Verantwortliche und weisungsbefugte
Dienstälteste.
Hier wären einfache, harte und klare Reformen notwendig.

Die derzeitige Staatverschuldung von über 1,6 Billionen €.
Dies sind 1.600 Mrd. €, die bei nur 4% Zinsen genau 64
Mrd. € Zinszahlung bedeuten. Bei einer zusätzlicher
Verschuldung von weit über 200 Mrd.€. Trotz

Steuererhöhungen werden weniger Steuern eingenommen, als in den letzten Jahren, was weitere Indikatoren für weitere Insolvenzen und steigende Arbeitslosigkeit sind.

Von wo kommt nun das geliehene Geld?
USA, Japan oder andere „wirtschaftsstarke Länder" sind ebenfalls hoch verschuldet. Kommt das Geld vielleicht aus Kenia, Irak, Afghanistan, Korea, Iran, Kongo? Dort liegen nur wichtige Rohstoffe, die für eine Neuverschuldung wichtig sind.
Nein, von den Zentralbanken, deren Teilhaber in der Hochfinanz zu finden sind. Zu finden unter den Bilderbergern, bei der Fed, der Federal Reserve Bank, unter deren Gründern/Partner 1913 u.a. Rockefeller, Rothschild, J.P. Morgen, Warburg, Kuhn Loeb, und anderen Privaten angesiedelt sind. Sie kassieren Zinsen und zerstören Volkswirtschaften, holen sich Länder und Rohstoffe. Der Zins ist eine MEHRLEISTUNG, die nicht durch die Wirtschaft gedeckt werden kann. Kurz, wenn ich ihnen als einzigen Menschen auf der Welt 100 Euro gebe, wie wollen sie mir 105 € (bei 5% Zinsen) zurückzahlen? Es geht nicht.

Das „Futurespiel", Das Wirtschaftswachstum in der Zukunft wird's schon bringen war schlichtweg falsch. Die Rentengelder vorzeitig zu verprassen, ging ebenfalls nach hinten los.
Schon 350 n.Chr. hatte Gregor von Nyssa den Zinsbetrug angeprangert. Leichter kann man nicht in den Besitz von fremden Eigentum kommen. Martin Luther sprach von Wucher. Ausbeutung und mit der Not anderer spekulieren, ja sogar für deren Not zu sorgen.
Nach dem Koran sind Zinsen und Glücksspiel ebenfalls verboten. Kann der Kreditnehmer nicht mehr zahlen, wird er seines Eigentums beraubt.

Führende Finanz - Organisationen sind IWF und Weltbank Group in Washington D.C., von denen wir demnächst sehr

oft hören werden. Die Hochfinanz ist die elitäre Gruppe,
welche sich als Anteilseigner hinter der Weltbank verbirgt.
Sie bilden auch den Weltsicherheitsrat, was in punkto
Ressourcen, Territorium und Steuerung über Hilfs- und
Friedenstruppen der UNO zur Weltherrschaft führt. Die
Weltregierung ist kein weiter Schritt mehr.
Es wird klar, warum die Marionettenregierungen nichts
Handfestes gegen ihre Fädenzieher ausrichten dürfen. Die
Steueroasen werden bleiben.
Der Weltgerichtshof in Den Haag existiert bereits. Die UN
schickt Truppen dorthin, wo sie es für richtig hält.
Gesteuerte Krisen und Naturkatastrophen werden die
Bevölkerung um Hilfe rufen lassen. So kann das Ziel der
Elite, relativ schnell erreicht werden.
Die weltbeherrschenden Ziele wurden bereits als
„Warnung von Aussteigern" in die Georgia Guidestones
gemeißelt.
Sieht man sich die Krisengebiete auf der Welt an, so kann
jeder sehen, wer sich in andere, fremde Länder drängt,
unter dem Vorwand dort Frieden und Hilfe mit Waffen zu
stiften.
Eine Organisation unter dem Namen Weltfrieden. Die Nato
war der Gegenpol zum Warschauer Pakt. Trotzdem
letzterer nicht mehr existiert expandiert die Nato weiter.
Das UN Gebäude in New York steht auf dem Grund und
Boden von J.D. Rockefeller, was für ein Zufall. Seine
Äußerung: Wir brauchen nur noch die richtige große Krise
und die Neue Weltordnung wird von den Menschen
akzeptiert werden. Die UN-Truppen tun ihr Weiteres in der
Welt.
Wer gut kombinieren kann erkennt hier das Schachmatt in
fünf Zügen für die Elite der Hochfinanz.

Die Welthandelsorganisation die für Protektionismus und
Embargo zuständig ist, und die
Weltgesundheitsorganisation, die für rechtzeitige
Erkennung von Krankheiten (wie Schweinegrippe) und

Impfungen zuständig ist werden ihren Beitrag zur neuen
Weltordnung weiterhin in elitärem Interesse tätigen.
Es sollte auch nicht vergessen werden, dass die
Finanzierung von Kriegen den Anteilseignern der Bank
nicht nur finanzielle Vorteile sondern vor allem Territoriale
Vorteile bringen, denn sie erhalten bei Nichtrückzahlung
der gegebenen Kredite das Eigentumsrecht auf Grund und
Boden.

Der permanente Börsenanstieg durch stark
interpretierungsbedürftige Nachrichten und Informationen,
die nicht sorgfältig berechnete Kurs/Gewinn Verhältnisse,
blinde Spekulationen waren schon die Vorboten der
Deflation, die schon 2007 auf uns zukam. Haben sie also
vorerst keine Angst vor einer Inflation, dazu sind noch zu
viele Realwerte (Autos auf Halde, Vorproduktionen der
Zulieferer, Fernseher, usw.) vorhanden, die vorerst eine
Entschuldung von Wirtschaft und Staat durch Inflation
unmöglich machen.

Mitte bis Ende 2011 wird der Crash nicht mehr auf sich
warten lassen. Es wird nur eine Bekanntgabe sein.
Die Realwerte müssen erst veräußert werden, was bei
fallender Nachfrage eine Preissenkung bedeutet. Klartext:
Zu viele Neuwagen/Gebrauchtwagen/Fernseher usw. sind
vorhanden und werden nicht abgerufen. Kraftstoffpreise
senken, Neuwagenpreise senken und Finanzierungen
anbieten, dazu viel manipulatives Marketing über unsere
Medien (Gehirnwäscher). Wir sind bereits in der ersten
Phase der Deflation.

Keine Neuproduktion durch fehlende Gewinne/Renditen,
heißt, das die Produktion zurückgefahren wird,
Entlassungen mehr den jäh drohen und die Nachfrage sinkt
weiterhin.
Hohe Verschuldung von Unternehmen, privaten
Haushalten und des Staates, bei Marktsättigung und
schwacher Kaufkraft. Abwandernde Großunternehmen ins

Ausland und wachsende Konkurse. Ein Teufelskreislauf,
den wir aus den Konjunkturphasen kennen.

Die echten Zahlen der Arbeitslosigkeit sind schon lange
extrem hoch (über 8 Mio.) und wurden durch
Manipulationen bei den Erfassungsmethoden verschönt (
auf ca. 3 Mio.).

Die Nachfrage sank schon lange, genauso wurde das BIP
(Bruttoinlandsprodukt = Alle Güter und Dienstleistungen,
die innerhalb eines Jahres in einer Volkswirtschaft
hergestellt werden - auch auf Lager) verschönt. Mehr
Produktion, als Verkäufe.
Logische Schlussfolgerung ist, das zuviel auf Lager
vorrätig ist, was nicht abgenommen wurde. Hinzu auch
noch der Exportrückgang in die USA und andere Länder,
auf Grund des $/€ Wechselkurses.
Sinkende Zinssätze sollen die Kreditaufnahme (für
Expansion, Maschinen, usw.) steigern und so für
Nachfrage sorgen. Auch dieser Anreiz ist für die
Unternehmen schon lange nicht mehr relevant.

Sie sehen, wir haben genug Waren, also freuen sie sich erst
einmal auf günstige Einkäufe in 2010. Erst wenn die
Waren schwinden und keine Nach-Produktion erfolgt wird
es kritisch. dann gibt es Chaos, Unruhen und
Ausschreitungen, die mit einer schleichenden Inflation
einhergehen werden. Ähnlich Frankreich, Griechenland
und den Rest Europas.

Die derzeitige bewusste, überzogene und provozierte
Terrorangst bewirkt den Aufbau eines Polizeistaates zur
Kontrolle der Bürger und Sicherung der regierenden
Demokratur. Terror (lateinisch terror, terroris,
„Schrecken“). Negative Reformen und Gesetze der
Volksvertreter, welche die Lebensqualität der Bürger
verschlechtern sind Provokateure des Terrors. Neue

Ausweise, Fingerabdrücke, Formulare, Auskünfte, usw.
zeigen den Weg.
Der unschuldige Bürger wird denunziert. Ämter der
Regierungen terrorisieren die Bürger, indem sie den Bürger
zu Handlungen zwingen, welche negative Auswirkungen
haben. Beispielsweise nehmt Urlaub, damit ihr auf dem
Amt eine Wartenummer ziehen könnt, um Stunden in
überfüllten Räumen zu warten, sich von überarbeiteten und
oft nicht kompetenten Sachbearbeitern unhöflich
behandeln zu lassen, nur weil man sein Geld der Regierung
zukommen lassen möchte oder muss. Dies ist Terror am
Bürger.
Andere Terroristen werden erfunden, die am
Höhleneingang sitzen und warten bis es dunkel ist, um alle
6 Jahre mal irgendwo auf der Welt einen Anschlag
durchzuführen. Vielleicht sogar selber inszeniert, um
eigene Ziele zu verfolgen. Die Steuerung ist leicht.
Die Bürger haben Angst vor Anschlägen, die rettende
Regierung präsentiert Lösungen und erlässt Gesetze,
welche die Freiheit der Bürger weiter einschränken.
Dies ist keine Lösung. Besser wäre es eine normale
Strafverfolgung mit notfalls mehr kompetenten
Mitarbeitern durchzuführen.
Sie wissen das, aber wollen ihre eigene Machtposition
stärken.

Wenn die höchstrichterliche Rechtsprechung schon
Eingriffe und Einschränkungen in den Freiheitsrechten
durchführt ist der Rechtsstaat in Gefahr. Wenn
friedliebende Interessengruppen, welche mehr
Interessenten haben, als eine Partei an effektiven Stimmen,
so ist auch eine kränkelnde Demokratie zu erkennen. Nicht
nur die Einschränkungen von GG Artikel 5 und 8,
Meinungs- und Versammlungsfreiheit, zeigen das.
Ein friedvoller Sitzstreik wird mit exekutivem
Gewalteinsatz beendet. Selbst unter den Streikenden waren
Politiker, Staatsanwälte und Wissenschaftler.

Sie wurden zu gemeinschaftlicher Nötigung im Namen des
Volkes verurteilt.[38]

Neue Gesetze müssen daher in Abstimmung mit dem Volk
durchgeführt werden, sonst darf man es nicht im Namen
des Volkes nennen. Dafür plädierte seinerzeit Horst
Köhler. Es ist beängstigend, wenn man als friedlicher
Bürger Angst vor der Rechtsprechung haben muss und
zusehen muss, wie das Land immer mehr an Demokratie
verliert und langsam verfault.

Der Krisenanfang geht bis auf das Jahr 2000 zurück, wo
die Aktienspekulationsblase zu platzen drohte. Die
Unternehmen wurden realistisch bewertet und es kam der
großen Rums.

Als Lösung, oder besser kurzfristige Verschiebung wurde
mit einer Zinssenkung und einem Top Marketing der
Immobilienboom ins Leben gerufen. Das Problem wurde
verschoben. Diese Blase ist nun ebenfalls geplatzt.

Hintergrund waren die unterschiedlichen BIP der
Volkswirtschaften zu den jeweiligen Einkommen in den
Ländern der Europäischen Union. Alle haben den Euro,
aber unterschiedliche BIP, verschiedene Gehälter, Steuern,
die eine Angleichung des Euro zum Problem werden
lassen. Unrealistische Wechselkurse.
Stabil können Preiserhöhungen bei
Liegenschaften/Grundstücke und Gebäude nur sein, wenn
diese an die Landeseinkommen, Qualität und Alter
angepasst werden.

Es wird vergessen, das Häuser und andere Güter nur durch
Arbeit erwirtschaftet werden können, und natürlichem
Verschleiß unterliegen. Auch hier fallen Werte. Alles
andere geht zu lasten der Zukunft und führt automatisch zu
Problemen (z.B. durch Zinseszins und Fehlwertermittlung).
Solange die Immobilien zur Eigennutzung genutzt werden,

ist dies mit Sicherheit positiv zu betrachten, da eine
volkswirtschaftliche Wertgegenüberstellung stattfinden
kann. Auch in Deutschland, vor allem im Süden liegen
starke Überbewertungen vor. Alte Häuser, abgewohnte und
baufällige Wohnungen werden samt Abschreibung neu
bewertet.
Abschreibungen sind Kosten auf die Abnutzung (AfA) z.B.
einer Maschine. Der Unternehmer reduziert dadurch seinen
zu versteuernden Gewinn. Dieser dient als Rücklage, um
sich nach der Laufzeit der Maschine eine neue Maschine
kaufen zu können. Gleichzeitig kalkuliert er aber in der
Preisermittlung seiner Produkte eine neue Maschine mit
ein. Dieser positive Doppel-Effekt wurde bereits von Marx
und Engels erkannt und soll dem Unternehmer die
Zinsangst bei den Krediten nehmen.
Bei einer privaten Immobilie sind dagegen eher die AfA -
Kosten zur Gewinnreduzierung relevant.

Die inflationäre künstliche Wertschöpfung geht dem Ende
zu. Eine Konsolidierung steht bevor. Abgeschriebene
Häuser und Wohnungen werden neu bewertet und zeigen
ihre wahren Werte. Ein Verhältnis von 1:5 und größer
werden zur Realität. Aus einer Mio.€ werden plötzlich
200.000,-€ oder weniger.
Bei der beginnenden Wertanpassung werden viele
versuchen schnell zu verkaufen, was den Preisverfall
schnell beschleunigt. Die noch laufenden Raten werden
gleich hoch bleiben. Als Beispiel dienen hier die stark
fallenden Immobilienpreise seit 2006 in den USA/Florida.

Auch private und öffentliche Unternehmen werden aktuell,
realistisch niedriger bewertet, was wiederum
Auswirkungen auf die Einkommen und Gehälter sowie den
Börsenmarkt hat. Der Crash ist demnach unabwendbar. Die
G8 werden daher schon längst über eine kommende
Währungskonsolidierung beraten haben. Währungen in
Industriestaaten, die sich an eine neue Leitwährung
anpassen müssen. Auf ein Neues.

Neben der Inflation wird eine neue Leitwährung unabdingbar werden. Vermutlich werden die Länder eigene Wechselkurse erhalten, die sich an einer Weltleitwährung orientieren. Der Wechsel wird auf der Basis der jeweiligen BIP, der vorhandenen neu bewerteten Güter und Dienstleistungen erfolgen. Währungen und Wechselkurse liegen seit Langem nicht mehr in einem vorgegebenen Rahmen der Länder. Der Euro tat sein negatives hinzu. Denken sie nur an die inflationäre italienische Lira zur strammen DM. Die volkswirtschaftlichen Unterschiede sind einfach zu stark, wir haben das beleuchtet.

Geht es um kurzfristige Spekulationsgewinne, die finanziert werden, so ergibt sich daraus eine irrreale Wertverschiebung der Immobilien zum Einkommen. Auch durch Auslandsinvestitionen. Das Finanzsystem fängt an zu kippen. Spanien diente hier als gutes Problembeispiel. Gestiegene Immobilienpreise (Buchwerte) führten zu höheren und langfristigen Kreditvergaben, die volkswirtschaftlich schwächere Entwicklung und die fast stagnierenden Einkommen wurden dabei außer acht gelassen. Ein bedienen war somit nicht mehr möglich. Das Ergebnis sind leere Bauten.

Die überhöhten Werte werden fallen. Das Ergebnis ist der Crash, wohin, oder besser in welche Generation sollte er diesmal verschoben werden? Maximal geht man von einer Verschiebung bis zu 10 Jahren in die Zukunft aus, indem Laufzeiten für Kredite erhöht werden (auch die Zinssätze, die meist nach 10 Jahren flexibel werden). Die peripheren Kriterien der Wirtschaft müssen dazu ebenfalls angepasst werden. Dies macht den volkswirtschaftlichen Konsum von Immobilien abhängig. Können die Kredite mangels Arbeit bzw. fehlender Einkommen nicht getilgt werden, so bricht das Kartenhaus wieder einmal schnell zusammen, was derzeit verstärkt in den USA zu beobachten ist.

Zwangsverkäufe zu Dumping Preisen. Die Folgen sind
steigende Armut und Verbrechen.

Die Privatisierung von Gemeinschaftsgütern wie
Stromversorger, Bahn, Bus und Flugverkehr wird
katastrophale folgen haben. Durch den Kostendruck
werden Einsparungen in der Sicherheit erfolgen. Es kommt
zu weniger Mitarbeitern, längeren Wartungsintervallen,
preiswerten und schlecht qualifizierten Arbeitskräften und
somit zur Katastrophe.
Da die Bahnen nicht auf dem neuesten Stand sind wird
gerade hier das Chaos seine ersten Zeichen setzen.
Verspätungen, Ausfälle und Unfälle werden die Folgen
sein.
Die Kosten sind für den Investor einfach zu hoch, er muss
Gewinne erwirtschaften und nutzt die Abhängigkeit der
Fahrgäste.
Die Einsparungen von reparaturnotwendigen Strecken,
welche seltener befahren werden führen zwangsläufig zu
einer schlechteren Verkehrsnetzanbindung.
Wenn sie kurzzeitig kein Geld haben, dann bringen sie ihr
Auto auch später zur Inspektion.

Im Flugverkehr wird es nicht anders werden. Wie soll eine
Wartung von Maschinen erfolgen, wenn der Fluggast nur
noch 149,-€ bezahlt? Davon soll der Pilot, die Besatzung,
Treibstoff, Lotzen, Nahrung, Ersatzteile usw. bezahlt
werden? Sorry, wir sind nicht im Märchenland.

Alte Atomkraftwerke werden privatisiert und dürfen noch
weitere 25 Jahre ans Netz. Nur damit die Regierung Gelder
erhält, die trotzdem niemals zum Abbau derer Schulden
ausreichen.
Findet man durch Ausschreibungen einen Anbieter,
welcher den Strom vertraglich günstig an den Verbraucher
verkauft, so muss der Anbieter ebenfalls zwangsläufig
seine Kosten senken.

Auch hier werden selbige Kosteneinsparungen der
Schlüssel zum Versagen, der sich auch durch andere
Branchen ziehen wird. Ein Stromausfall hat nicht nur im
Krankenhaus verheerende und tödliche Folgen.
Das alter der Stromstätten gibt sein nötiges hinzu. Neben
der verseuchten Umwelt, Krankheit und schleichendem
Tod, ist die Gefahr eines Tschernobyls durchaus gegeben.

Hitzewelle oder Eissturm wenn die Stromversorgung für
14 Tage lahmgelegt wird und Million Menschen ohne
Elcktrizität auskommen müssen entsteht Chaos. Menschen
werden sterben, Geschäfte bleiben geschlossen,
Nahrungsmittel vergammeln, kein Geld aus dem
Automaten, keine Wasserversorgung wegen der
funktionslosen Pumpen, kein Gas, keine Energie für den
Herd zum Kochen, die Heizung ist kalt und der Zapfhahn
an der Tankstelle läuft auch nicht mehr usw.. Ohne Strom
läuft fast nichts mehr.
Zum Glück kommen dann bewaffnete Hilfstruppen, damit
die Menschen sich nicht gierig auf die Hilfsgüter stürzen.
Die Regierungen werden auch gut unterstützt werden, was
die Bürger aufatmen lässt?

Die Kühlung der Kraftwerke erfolgt über die Flüsse. Bei
Hitze ist das Wasser schon auf bis zu 30 Grad warm, die
Kühlwirkung sinkt somit. Dann kann bei derzeitiger
Klimaerwärmung der eine oder andere Reaktor schon mal
warmlaufen, oder rechtzeitig abgeschaltet werden. Beide
Varianten gäben Probleme.

Auch die Abhängigkeit unserer Öl und Gaslieferanten kann
durch die derzeitige kriegerische und politische Situation
schnell zu einem Problemfaktor werden. Unsere
Lieferanten könnten bei Unstimmigkeiten schnell ein
Embargo gegen Deutschland erlassen. Vielleicht auf
anraten der Welthandelsorganisation.

Werden die Rohstoffe „nur" reduziert, haben wir den Effekt von Angebot und Nachfrage, die den Strompreis bestimmen. Der Effekt kann auch provoziert werden, damit Länder gegeneinander aufgebracht werden.
Die Fragen sollten daher immer heißen: Was ist das Ziel, wer profitiert und welche Auswirkungen sind zu erwarten?

Die Kosten der Unternehmen müssen zwangsläufig reduziert werden, da die Bevölkerung kaum noch Gelder hat. Insolvenzen und Arbeitslosigkeit werden immer weiter steigen. Wir haben dies von mehreren Seiten betrachtet.

Wir haben gesehen, dass das EU Kartellrecht, entgegen den noch existierenden nationalen Kartellamt, die Globalisierung fördert. Die Tatsache, das Kraftstoff, Strom, Pharma, und der Lebensmittelbereich schon enge Oligopole sind, sollte jedem Bürger zu denken geben. Welche Absprachen und welche Kontrollen sind hier möglich? Welche Auswirkungen haben hier gewünschte Gesetze, wie beispielsweise eine extrem hohe Wasser- oder Nahrungsmittelsteuer?

Auch die Geschäftsbanken werden darunter leiden, was sich schon abzeichnet. Die Folgen sind Bankpleiten und Kooperationen der Großbanken, Versicherungen, Fluggesellschaften, Autobauern, Pharma- und anderen Großunternehmen, was ein Verschieben der Pleite nach hinten bedeutet, bis nur noch das enge Oligopol oder Monopol vorhanden ist. Wenig Unternehmen wenig Arbeit, viele Erwerbslose mit wenig Kapital zur Nachfrage bedeutet, das selbst der Monopolist bei einem Preisdiktat kaum Absatz schaffen kann. Ein neues Ordnungssystem muss zwangsläufig erfolgen. Die neue Weltordnung, oder wie immer man es auch nennen möchte.

Das Importland USA wird weniger importieren können , was zu weniger Produktion in den Exportländern führt, wie beispielsweise in Deutschland.

Von ihren Spargeldern ist leider nur ein geringer Teil
gesichert, den Großteil des Verlustes trägt der gutgläubige
Staatsbürger und Steuerzahler. Die Zeiten des engen
Oligopols sind real, als Folge der Globalisierung. Wir
kennen das bereits vom Energiemarkt.

Kleine und Mittelständische Unternehmen werden von den
nationalen Kartellämtern kontrolliert, damit sie nicht zu
groß werden. Wenn die gewünschten Oligopole vorhanden
sind, werden die nationalen Kartellämter überflüssig, da
die Kleinen dann durch die Globalisierung sowieso auf der
Strecke bleiben. Dies durchzieht dann früher oder später
alle Branchen.

Der ebenfalls durch „Nachrichten" gesteuerte Ölpreis lässt
nicht lange mit einer Krise auf sich warten. Schon jetzt
warnen Energiekonzerne vor der Gefahr langanhaltender
Ausfälle in der Stromversorgung. Abhängigkeiten von
Gaslieferanten wie Gazprom sind nicht ohne Gefahr, auch
wenn hier über Sponsoring vertrauen übermittelt werden
soll. Sorgen sie rechtzeitig vor.

Der Ölpreis wird in US $ gerechnet, weshalb jedes Land
vor dem Ölkauf seine eigene Währung in den US $
tauschen muss. In 2009 lag der Ölpreis bei 65$ pro Barrel.
In 2010 wird er auf 100,-$ pro Barrel steigen, in 2011 auf
120,-$ pro Barrel. Dabei geht es auf und ab, um dem
Mittelstand das restliche Spekulationskapital zu entziehen.
Meldungen gibt es genug.
Je höher der Ölpreis, desto mehr Dollar werden
nachgefragt, da der Rohstoff notwendigerweise benötigt
wird. Also werden Dollar gedruckt, was einer Inflation
gleich kommt.
Da die USA ein Importland sind, benötigen sie $ um am
Weltmarkt zu kaufen. Wird der $ schwach, so wird in eine
andere Währung geflüchtet, was wiederum zur weiteren $
Schwächung/Abwertung führt. Der € würde aufgewertet

und die Deutschen Güter am Weltmarkt zu teuer werden. Eine neue Währung ist also vorprogrammiert und wird Thema beim G8 Gipfel sein.

Die kurzfristig niedrigen Preise der Deflationsauswirkung werden zwar steigen, sorgen aber vorerst für eine Beruhigung in der Bevölkerung. Sport und Spiele werden durch die Medien in den Fordergrund gerückt. Dies ähnelt dem alten Rom. Gebt den Leuten Brot und Spiele, so haltet ihr sie ruhig, um im Hintergrund eigenmächtig zu agieren. Eishockey WM, Fußball WM, Tour de France (vielleicht mal ohne Doping), Frauenfußball WM, und vieles mehr, damit auch verschiedene Interessengruppen abgelenkt sind.

Nachrichten über Sportler, Veranstaltungen, Musiker, Luxusautos, Künstler und Unternehmen werden in der Berichterstattung weit vorn in den Mittelpunkt gerückt, um von immer weiterem Chaos, Absinken und Versagen abzulenken.

Gesetze zum Eigenschutz der Regierenden werden erlassen, anstatt für Volksinteressen. Diese Gesetze werden positiv ausgelegt, wofür hochbezahlte Psychologen und Kommunikationswissenschaftler tätig werden. Sie nennen es Reformen, wie die Krankenreform. Liebes Volk zahlt 10,-€ beim Arzt, holt euch zweitklassige Medikamente und zahlt noch mal 70% selber. Mehr Zuzahlung für Zahnersatz, höhere Krankenkassenbeiträge sind vorprogrammiert. Weitere soziale Streichungen werden folgen, immer mehr.

Die Menschen werden kranker, da die Nahrungsmittel durch den Kostendruck immer minderwertiger werden. Vereinzelt hatten wir schon Gammelfleisch, Schweinepest, BSE usw.. Schweinefleisch darf nur noch durchgegart gegessen werden, da in allen untersuchten Proben antibiotikaresistente Staphylokokken entdeckt worden sind. Die natürliche Produktion der Nahrungskette reicht nicht

mehr für 6,5 Mrd. Menschen. Die Überbevölkerung sorgt
für zusätzliche Nahrungsknappheit.
Provozierte Katastrophen, Krisen, Krankheiten können
zwar die Menschen auf eine bestimmte Anzahl reduzieren,
aber können auch Auswirkungen haben, welche nicht mehr
im menschlichen Vorstellungsbereich liegen.

Dann noch eventuelle Zwangsimpfungen gegen den H5N1
Geist, oder Krebs, wodurch die Leute erst recht krank
werden, und die Bevölkerungszahl senkt sich dann fast von
allein. Die Schweinegrippe war nur eine Testphase.
Weitere Epidemien und Pandemien werden folgen. Chaos,
Unruhen mit dem Ruf nach Lösungen. Bei einer Pandemie
zaubert dann ein IG Farben Abkömmling den Immunstoff
YX - Gelöst hervor. In Absprache mit der rettenden
Regierung.
Wer macht was, wann und wo. Ist die autonome Regierung
in Gefahr?

Die Regierung wird die euphorische Zeit der Niedrigpreise
nutzen, um sich selber kurzzeitig, über die „objektiven"
Medien ins positive Licht zu rücken. Ablenkung von der
Fehlpolitik mit Schuldzuweisung auf Unternehmen (vor
allem KMU). Eine Schutzfunktion der Angst, um das Volk
von der miserablen, jahrzehntelangen Politik abzulenken.
Es werden weitere Gesetze erlassen, welche andere
Parteien verbieten oder Zugänge erschweren, um die
eigene Machtposition zu stärken und zu sichern.
Wir kennen das bereits aus der Vergangenheit. Man nennt
es Manipulation unter falscher Flagge. Aus Gründen der
Sicherheit wird dann in 2013 das Ausgehverbot ab 23.00
Uhr eingeführt. Sondergenehmigungen werden nur gegen
Entgelt und Begründung erteilt.

Die Bevölkerung wird dabei mehr und mehr für dumm
verkauft, was sich spätestens nach dem Platzen der
nächsten Blase, der Arbeitslosenzahlen widerspiegelt. Die
Gelder fehlen, da Arbeitslose keine Abgaben leisten und

von den restlichen hoch besteuerten Niedrigverdienern die
Abgaben nicht ausreichen. Tatsache ist, das die Geldmenge
weiter erhöht wird, was eine Inflation mit sich bringt.
Weniger Einnahmen trotz höherer Besteuerung, wird durch
Geldschöpfung versucht zu kompensieren.
Wenn über 8 Mio. Bürger die sozial versprochenen
Leistungen abrufen wollen, und die Gelder für ALG I und
ALG II nicht mehr gezahlt werden können, oder keinen
Wert mehr haben. Wir werden dann nicht mehr bezahlte
Security Leute, sondern Bundespolizei vor den
Arbeitsagenturen vorfinden. Die Security Männer wollen
dann selber ihr ALG erhalten. Jahr 2013 dürfte vom
zeitlichen Faktor hinkommen.

Russland modernisiert sein Atomwaffenarsenal legt
Kurzstreckenwaffen an die polnische Grenze, die USA
führen die 4. Generation moderner Kernwaffen ein und
erhöhen ihre Truppenstärke in Deutschland. Die
Rüstungsausgaben liegen weltweit bei 1.000 Milliarden
Euro. Frankreich, Deutschland und USA toben gegen den
Iran. Die Bürger sehen in der Regierung eher eine
Bedrohung aufs eigene Leib und Leben. Die USA verhaftet
russische Spione, der Gegenschlag wird erfolgen. Der
Krieg läuft bereits, die Einsatzpläne sind gefertigt.

Wer hat schon im ersten und zweiten Weltkrieg am
meisten profitiert? Die Großbanken, mit dem Ziel, über das
Zinsspiel an die Macht der Erde zu gelangen. Macht über
die bestmögliche Verteilung lebensnotwendiger Rohstoffe
der ganzen Erde.

Lassen sie sich nicht beirren, wenn Experten in 2009
sagen, dass ab Mitte 2010 eine Besserung in sicht ist
Psychologische Kriegsführung: Den Bürgern besseren
Wissens Hoffnung zu machen, damit keine Revolte
entsteht. Wie sollte die Besserung aussehen, wenn die
Verschuldung ständig steigt, den auch ein Kanzler und
Harry Potter können kein Geld aus dem Zauberhut holen.

Nicht einmal die Zinsen können noch bedient werden.
Ohne Paket und Paketband keine Rettungspäckchen.

Lassen Sie sich nicht von selbsternannten Experten durch
die Medien, inkompetenten Journalisten oder Politikern
beeindrucken, die nutzlose Wortlaute verbreiten, um zu
täuschen.

Vorsicht bei Floskeln wie:
Pakete schnüren - da selbst die Post privatisiert wird
Liquidität hat seinen Preis - Zinsfalle
Geld arbeiten lassen, es bekommt auch keine Jungen -
versprochen
Bundesländer tragen die Kosten – Ein Land kann keine
Kosten tragen, nur die Bürger
Banken lassen Staat ins Haus - aber nur zur Kreditnahme
Garantien auf Jahre – danach sind die entsprechenden
Politiker nicht mehr zur Rechenschaft zu ziehen.
IWF findet Lösung – dann wurde aber über viele Jahre tief
geschlafen
Kurzes Kursfeuerwerk, trotz verbot von Optionen - Puts
(Aktuelles Verbot durch die Krise, auf fallende Kurse
setzen)
Finanzspritzen (woher?, Vorsicht vor Kapital und
Pharmaka in einem Wort)
„Experten“ die viele Fremdwörter verwenden und schnell
sprechen, um zu verunsichern. Die optimale Allokation
existenzieller Ressourcen heißt einfach nur bestmögliche
Verteilung lebensnotwendiger Rohstoffe. Wozu also viele
Fremdwörter, nur damit kaum jemand folgen kann?

Den Mächtigen muss die Macht genommen werden. Sie
haben gezeigt, das sie über jahrzehnte damit nicht umgehen
können. Es gab keine Ursachenbekämpfung, nur eine
permanente, fortlaufende Verschiebung mit billiger
Schuldzuweisungen.
Reformen im Zinssystem und in der Besteuerung der
Hochfinanz wurden nicht durchgeführt. Die optimale

Steuerung von Nahrungsmitteln wurde durch
Preisanpassungen zerstört, zum Leidwesen unserer
Nachkommen und der Weltbevölkerung.
In einem Unternehmen muss die komplette Führung
ausgetauscht werden, wenn durch inkompetente Menschen
an der Führung eine Überschuldung stattfindet.
Währenddessen sich hier die Führungsspitzen abwechselnd
noch weiter bereichern.

Eine seit 60 Jahren bestehende Wachablösung von
CDU/SPD hat neben den gegenseitigen
Schuldzuweisungen nur 1.600,-Mrd.€ Schulden
eingebracht. Alle vier Jahre ein gesteuerter Wechsel, der
den Bürgern neue Hoffnung suggerieren sollte und schon
sind wieder acht Jahre ohne Erfolg vergangen. Immer
wieder neue Versprechungen, die von Beiden in den
Hauptpunkten des Stabilitätsgesetzes und der
Regierungsverschuldung nicht eingehalten wurden.
Kleinparteien wurden als Makulatur hinzu gefügt und
teilweise als Koalition geschönt.
Für permanente Steuererhöhung, Diätenerhöhungen bei
gleichzeitiger Streichungen von Bildung und sozialer
Gerechtigkeit, Geschönten Wörtern und Zahlen sowie
weiterer Regierungsverschuldung brauchen wir diese
Parteien und Volksvertreter nicht mehr. Die wenigen
Kleinigkeiten, die erzielt wurden, stehen in keinem
Verhältnis zu den vielen jahrzehntelangen Fehlleistungen,
die sich nun nur allzu deutlich im Chaos zeigen.

Helfen kann nur eine neue Partei, die von den 20% der
Hochfinanz finanziert wird, die noch an die Menschen und
Bürger unseres Landes glauben, und selber die Problematik
erkennen. Eine Partei, die Gesetze erlässt, die keine
Makulatur darstellen, sondern die Banken kontrollieren
und Steueroasen austrocknet. Die ein gesundes
Besteuerungsgesetz einführt, wo niedrige Einkommen
steuerfrei bleiben, da sie zur Existenzsicherung
zwangsläufig Nachfragewirksam werden. Die

Unternehmen zeitlich subventioniert, wenn individuelle Prüfungen dies befürworten. Die gegen Amtsmissbrauch und Korruption vorgeht und die soziale Gerechtigkeit wieder in den Fordergrund rückt. Die das deutsche Stabilitätsgesetz nicht aus EU- oder Weltsicht betrachtet. Die das Volk mitentscheiden lässt und die Volksinteressen nach außen vertritt. Keine unlösbare Aufgabe.

"Wenn Ihr Eure Augen nicht braucht um zu sehen, werdet Ihr sie brauchen um zu weinen."
(Jean- Paul Sartre, franz. Schriftsteller und Philosoph)

QUELLENNACHWEISE

1	Berliner Zeitung	15.07.2010
2	Spiegelonline 05.07.2010	
3	Die Welt	06.07.2010
4	Gerhard Wisnewski, Verheimlicht, Vertuscht, Vergessen 2010	Knaur Jan.
5	Die Welt	18.03.2010
6	Statistisches Bundesamt	2007
7	tecson.de	2007
8	Creditreform 2007	
9	Peter Scholl-Latour, Russland im Zangengriff 2006	Propyläen Verlag
10	Nexus-Magazin Verlag, Sep.2008	Moskito
11	Tagesspiegel 08.12.2008	
12	Welt 23.10.2009	
13	Neueimpulse.org, Warum überall Geld fehlt	2006
14	Spiegelonline 05.06.2006	
15	Ex-Bundesverteidigungsminister A. von Bülow, Im Namen des Staates, Piper 2001	
16	ebenda	
17	Reuters Deutschland	23.10.2008
18	Erwin Wagenhofer, Lets make money, Delphi,	2009
19	Wiwo.de, Wirtschaftswoche	02.02.2010
20	Bibel, Neue Testament, Markus Kapitel 10	

21	Erwin Wagenhofer, Lets make money, Delphi,	2009
22	Gabler – Wirtschaftslexika, Betriebswirtschaftlicher Verlag 1984	
23	Erwin Wagenhofer, Lets make money, Delphi,	2009
24	Deutscher Bundestag.de, Römische Verträge	
25	Zeitonline	12.02.2010
26	cdu.de, Präsidium CDU Bundesvorstand,	
27	reuters.com, Rede A.Merkel	17.04.2008
28	J. Schloemann, sueddeutsche.de	11.02.2010
29	focus.de,	06.01.2009
30	aerztezeitung.de	29.01.2010
31	spiegelonline.de	26.08.2008
32	wdr.de, Presseclub Das Erste	24.05.2009
33	elo-forum.org 30.05.2009	
34	wikipedia.org	
35	Peter Scholl-Latour, Russland im Zangengriff 2006	Propyläen Verlag
36	zdf.de, Video Bericht, Horst Köhler	15.07.2010
37	Werner Onken, Der Geist des Geldes	14.11.2008
38	Prof. Dr. jur. habil. Erich Buchholz, Die Bundesrepublik und der „Krieg gegen den Terror", Kai Homilius Verlag 2008	

Fototechnik: Jan-Michel Häusler
Titelbild: Freiheitsglocke, Berlin Schöneberger Rathaus –
Hier sprach J.F.Kennedy seine berühmten Wörter.
Lektorin: Tamara Häusler

Impressum
Herstellung und Verlag:
Books on Demand GmbH
Norderstedt
ISBN 9 78-3-8391-6850-9